古代出雲にみた日本神話

関　和彦
Kazuhiko Seki

アーツアンドクラフツ

はじめに——神々の気配、出雲へ

出雲の空から大地へ

「出雲」といえばスサノヲ命《みこと》の『古事記』にみえる、

八雲立つ　出雲八重垣　妻籠《つまご》みに　八重垣つくる　その八重垣を

の歌が思い浮かぶ。この「八雲立つ」の歌を紀貫之は『古今和歌集』の序で「素戔嗚尊《すさのをのみこと》より三十文《みそも》字《じ》あまり一文字はよみける」と評し、五七五七七の三十一字定型歌の最初の和歌だとする。ということは和歌発祥の地は出雲というのであろう。

その構成は「八雲立つ」、天《あめ》の世界の様相を詠《うた》い、そして地《つち》の世界のこころの妻を想う、天地を結ぶ歌の世界となっている。スサノヲ命は「天」の高天原《たかまがはら》から「根之堅洲国《ねのかたす》（根の国）」、そして「地」の出雲国の「肥《ひ》ノ河上《かはかみ》」の「鳥髪《とりかみ》」の地へと「天降《あも》」りて身を移す。その天から地への飛翔が「八雲立つ」という気象から「妻籠み」という具象への視座の移動となる。

スサノヲ命が「肥ノ河上」の河瀬で流れくる箸を手にしたところは「鳥髪」の地であった。同じ河瀬に立ち、ふと上流を眺めるとスサノヲ命の視野にも入ったであろう鳥上山《とりかみやま》が青垣をなして広がる。「鳥髪」の地は『出雲国風土記《ふどき》』には「鳥上」とみえ、今、その地名は仁多郡奥出雲町立「鳥上」小学校などに生き続け、学校前に静まる鬼神《おにかみ》神社の境内に身を置く時、歴史の思いが漂い、確かに神々の気配を感じる。

その地に立ち、神々の呼吸する出雲、その気配を感じたい。何時もその思いを胸に出雲の国へと旅立つ。

出雲国は、北から日本海、そして島根半島、宍道《しんじ》湖《こ》・中海《なかうみ》を抱えて内陸部へと帯状に水、陸、水、陸

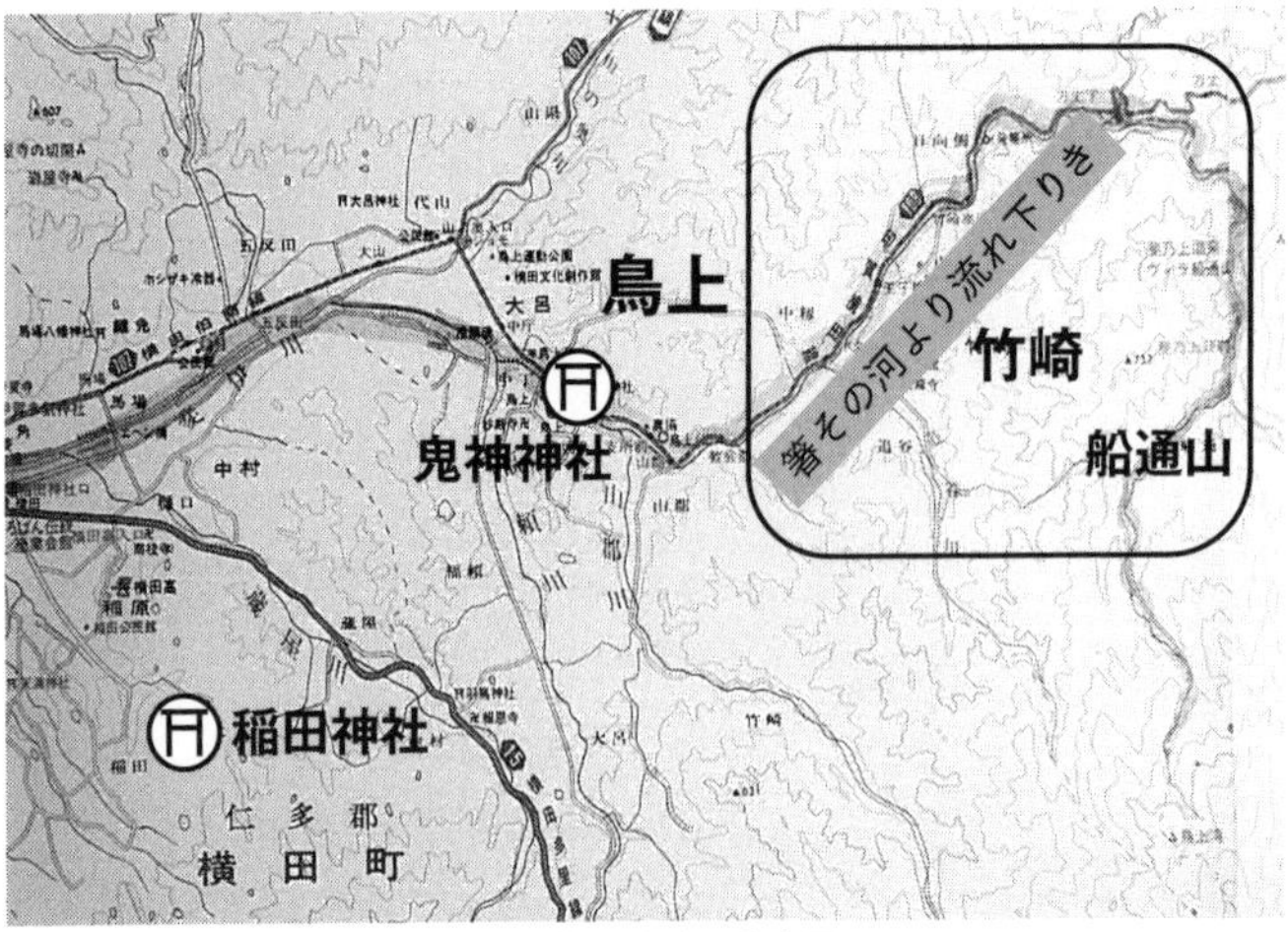

図1　鳥上地域の案内図

と繰り返す複雑な地形を呈する。天気は地形を鏡として天に映るという。

山陰地方は雨が多く「弁当忘れても傘忘れるな」の世界であるが、出雲のその複雑な地形が「八雲立つ」空間を生むのであろう。

羽田空港から出雲国へ、慣れ親しんだ空路である。米子上空から着陸に向けて降下態勢に入ると、そこはスサノヲ命が詠った「八雲立つ」空の中。

「八雲立つ」空から出雲縁結《えんむす》び空港に降下する搭乗機、左手に伯耆《ほうき》大山《だいせん》を見やると、窓下に見える弓ヶ浜半島は弓の姿そのまま。点在する浦々、島根半島の北端をかすめながら進むと眼下には恵《え》曇《とも》町（現・島根町鹿島）の海岸が美しい湾曲を呈し目に入る。すると程なく宍道湖へ機首を向け、高度を下げる。

「恵曇」の地名は古くさかのぼり、『出雲国風土記』にみえる。スサノヲ命の御子《みこ》・磐坂日子命《いはさかひこのみこと》が当地を訪れ、「ここは国稚《わか》く美好《うるは》しく、国の形は畫《ゑ》鞆《とも》のようだ」とほめたたえたという。「畫鞆（絵鞆）」とは大地に画いた鞆、「ゑとも」のこと、綺麗な曲線をなす国形《くにがた》の例《たと》えである。「鞆（とも）」の語源は「巴（ともえ）」にある。「描いた鞆」といった場合、『万葉集』七六「ますらをの鞆の音すなり」の「鞆」を想定するのが自然であろう。訪れた磐坂日子命はその「鞆」のような優しい国形が気に入り、宮を造り鎮座したという。

それは神話であるが、確かに「八雲立つ」空からみる恵曇町の形は今でも「鞆」の形を呈してい

図2　鞆

図3　綺麗な曲線を描く海岸

る。そして今に至るまで磐坂日子命は恵曇の守り神として三つの神社に鎮座し、地域の人びとの生活を見守り、そして人びとの信仰を集めている。それは事実であり、不思議にも神話は歴史そのものとして生きているのである。

やがて宍道湖上空で機首を西に向け空港へと一直線に進むと「八雲」の間を薄赤い光の柱が宍道湖に射し込む情景をみる。そこは「八雲立つ」神々の国・出雲である。そこはまた神々を敬い共に生きる出雲びとの世界でもある。

その出雲びとが古今に受け継いできたこころ、それを受け止めながら今、出雲の天空を翔け、そして出雲の豊かな大地に降り立つ。北を眺めると出雲大社《いずもおおやしろ》を抱く「出雲御埼山《みさきやま》」が、南には『出雲国風土記』にみえる出雲郡「神名火山《かんなびやま》」が神々の世界への「御門《みかど》」のように出迎える。

その御門に導かれながら、築地松《ついぢまつ》に彩られた簸川《ひかわ》（出雲・斐川）平野から出雲の旅は始まる。出雲の神話の故地で多くの方々と出会う中、そしてこころ通わす中、神々のこころ、そして歴史をひも解いていこう。

簸川平野は日本有数の散居村《さんきょそん》として知られる。日本海からの北西の強い風から家屋を守るために黒松からなる築地松と呼ばれる屋敷森が散居村を印象づける。

築地松に守られた屋敷の多くは西南かたの角付近に屋敷門を構えている。その門のそばに石組みで囲まれた土壇の上に墓がみえる。それは死者を埋葬する墓地とは別に設《しつら》えた祖先を追慕・供養する墓、「詣《まい》り墓」。民俗学ではそのような墓を両墓制《りょうぼ》というが、制度ではなく風習と言ったほうが適切のようだ。屋敷門という日常の出入り口の墓、それは日常的に先祖と触れる生活ということになろう。

そのような先祖意識は歴史との深い関わりを育むであろう。

本書の主人公は神々である。歴史の深層を俯瞰してきた天空の神々は古代出雲びとと寄り合いながら壮大な物語を大地に構成し、そして自らを語る。

もしかすると神語りだけではなく、神舞いも披露してくれるのかも知れない。

神々と逍遙す術《すべ》

『日本書紀』に続く官撰史書『続日本紀《しょくにほんぎ》』によれば和銅六（七一三）年五月にいわゆる風土記撰進の命《めい》が出されている。

畿内七道諸国《きないしちどう》。郡郷の名に好字《こうじ》を著《つ》け。その郡内に生ずる所の銀銅彩色草木禽獣魚虫等の物、具《つぶ》さに色目を録し。及び土地沃堉《よくせき》。山川原野の名号《みょうごう》の所由。又古老相伝ふる旧聞異事《きゅうぶんいじ》。史籍に載せて言上《ごんじょう》せよ。

ここで注目したいのは行政地名だけではなく「山川原野の名号」の由来についても報告するように命じていることである。その命を受けて『出雲国風土記』も「老《おきな》、枝葉《しよう》を細《くは》しく思《かんが》へ、詞《こと》の源《みなもと》を裁《ことわ》り定め、亦、山野《さんや》・浜浦《ひんぽ》の処、鳥獣《ちようじゆう》の棲《すみか》、魚貝《ぎよばい》・海菜《かいさい》の類《たぐひ》、やや繁《しげ》く多《さは》にして、悉《ことごと》には陳《の》べず。然はあれど止むことをえざるは、粗《ほぼ》、梗概《おほむね》を挙げて、記の趣《おもむき》をなす」とし、「山野」に言及し、事実一貫して各郡記載において、「山」「川」の順に説明し、海浜の郡では「海」へ言及を続けている。この編纂・記述方針に見られる「山」「川」「海」という流れは編纂者、延《ひ》いては古代びとの自然観を表わしているのであろう。

自然界を構成する三大要素は山・川・海である。その山と海を結ぶのが川である。川は山の頂《いただき》付近から起こり、そして野を流れ、そして海へと注ぐ。冷静に鳥瞰するならば川は大地を二分していることがわかる。それは川が大地の堺であることを物語っている。

「川」は古語では「かは」であるが、「かは」と言えば「皮（身体と空間との堺）」も同音である。古き言葉、「やまと言葉」と言っておこう。「かは」と言えば思い出すのが鴨長明《かものちようめい》の『方丈記《ほうじようき》』の一文である。

ゆく河の流れは絶えずして、しかももとの水にあらず。よどみに浮かぶうたかたは、かつ消えかつ結びて、久しくとどまりたるためしなし。世の中にある人とすみかと、またかくのごとし。

仏教的無常観を象徴する名文として知られる「ゆく河の流れ」であるが、「かは」は「もとの水にあらず」であり、常に変化する存在である。その「かは」は「かはる（変わる）」と同源の言葉なのであろう。

神の心意を問う行為を占いというが、古来、占いは辻占・橋占など不安定な場所で行われてきた。また夕方の逢魔時《おうまがとき》、黄昏時《たそがれ》という昼と夜の変わり時、その不安定な時にも神の声を聞く「夕占」が行われてきた。

「うらなふ」とは現世の表に対して「裏」「心（うら）」の世界の神の意を尋ねることであり、「かは」岸はそういう意味で神意を問う恰好の場所であった。その「かは」の源は山、その山の頂《いただき》は神を「いただく」場所、鎮座地であった。

『肥前《ひぜん》国風土記』佐嘉《さか》郡条をひもとくと、占いに応えた神に出会うことができる。

（佐嘉）郡の西に川あり。名を佐嘉《さか》川といふ。年魚《あゆ》あり。その源は郡の北の山より出で、南に流れて海に入る。この川上に荒ぶる神ありて、往来《いきき》の人、半《なかば》を生かし、半を殺す。ここに県主《あがたぬし》等の祖《おや》大荒田占問ひき。時に土蜘蛛《つちぐも》、大山田女・狭山田女あり。二《ふたり》の女子《をみな》云ふ、「下田村の土を取りて、人形《ひとがた》・馬形《うまがた》を作りて、この神を祭祀《まつ》らば必ず応和《やはら》ぎなむ」といひき。大荒田、即ちその辞《ことば》の随にこの神を祭るに、神、この祭を歆《う》けて遂に応和ぎき。

［概略］佐嘉川の上流の山に荒ぶる神がおり、往来の人の半ばを殺すという。地域の首長の大荒田が占ったところ二人の女が土で人形・馬形を作りその神を祭れば、神の仕業はなくなると予言した、大荒田がそのようにすると神は静かになった。

佐嘉郡の首長の大荒田は佐嘉川の上流の荒ぶる神の仕業に手を焼いていたが、人形・馬形を作り神を祀ったところ収まったという。その祭祀の場所は人形・馬形作製用の土まで「下田」村と指定されていることからみれば、佐嘉川の下流の下田村の川際が占定されたのであろう。「佐嘉」川は「堺（坂）」川であり、佐嘉郡と小城《をぎ》郡の「堺」に因む名前と思われる。

何故、山の「頂《いただき》」の神を下流の「水際」で祀るのであろうか。ここで思い出したいのは「神通川」、あるいは伊勢神宮の「神路《かみぢ》川（五十鈴川）」という川名である。その川名に象徴されるように古来、川は「神の道」と考えられてきたのである。

島根半島の北海岸に神話に因む名所がある。加賀《かか》の潜戸《くけど》である。『出雲国風土記』島根郡の加賀神埼条にはその加賀の潜戸にかかわる伝承が残されている。それによれば窟に住む女神のもとに男神が弓矢に化し、水の流れに乗り通《かよ》ったとあり、『古事記』でもスサノヲ命が斐伊川を遡上して稲田姫のもとに通い、神武記でも神が矢に化して溝の流れに乗って通うとみえ、水の流れを神々の通り道とする古代びとの考え方がうかがえる。まさに神通川なのである。その考えは桃太郎・瓜姫伝承などに受け継がれていく。

基本的には神々は道路を歩くことはない。その点に関してわれわれは十分に承知しているのである。お祭りの際、われわれは神々を神輿に乗せ担ぎ、山車に乗せ引く、神々は人々とともに町、村中を神幸し、人々は各所で神々を迎える、そのような情景は何処でもみられる。知識ではなく、われわれは社会生活の中で神の生活を理解しているのである。日本の原風景、日本人の原心情がそこにある。

古代びとは水辺で神々を迎え、祭り、そして我が村へ、我が家に神々を招来したのである。佐嘉川の辺で馬形を作り、神を祀ったのは馬を神の乗り物とした古代びとの神への思いであった。

ここで少し深入り、寄り道かもしれない。『肥前国風土記』は「人形・馬形」というが間違いではなかろうか。祭祀の意味を考えるならば、本来は「神形・馬形」であったと思われる。『肥前国風土記』に「間違い」というのは酷であろう。すでに『肥前国風土記』の時代には本来の祭祀意識が薄れていたのかも知れない。

すでに序が終わる。遅い感じがするがここで本書における神名表記について一言しておきたい。周知の通り古典の神名表記は書によって異なる事例が多い。史料に関しては忠実にそのままとするが、説明において多用する神の場合、「大国主神」「スサノヲ命」「天穂日命《あめのほひのみこと》」を用いることにする。バランスが悪いが筆者の長年の用法であり、お許しを願いたい。

目次

古代出雲にみた日本神話

第一章　黄泉の国へ参る

「神蹟　黄泉平坂　伊賦夜坂　伝説地」と佐藤忠次郎

国道九号線、松江から安来《やすぎ》へ、左手に揖屋《いや》駅への道を見やり、さらに進むと右手に「黄泉平坂《よもつひらさか》」への案内板が目に入る。右手の丘が揖屋町「平賀」の地であり、「黄泉の平坂」に因む地名と言う。

その地は平成二十三（二〇一一）年、松江市に合併する以前は東出雲町であった。揖屋の街並み、旧山陰道を歩くと東出雲町が三菱農機（現在は三菱マヒンドラ農機株式会社）の企業城下町であったことがわかる。中心街の両側は三菱農機の建物が続く。三菱農機前のバス停、そこに向けて開く門扉をのぞくと立派な古民家風の建物がみえる。佐藤忠次郎記念館である。

ある期待をもって事前予約、そして当日女性社員の案内にて記念館を見学したが、展示内容は佐藤忠次郎の最大功績である農業機械の発明、佐藤造機の立ち上げに関するものであった。

佐藤忠次郎は明治二十（一八八七）年に出雲郷《あだかえ》（東出雲町）に生まれ、辛苦の末に回転式稲扱《いなこき》機を発明し、サトー式農機として飛躍的展開をなし、発明王として、社長として現在の三菱農機の基を創設した立身栄達の人であった。

わたしの「期待」は佐藤忠次郎が残した文化事業にかかわる展示であったが、展示は企業の始源にかかわる佐藤の業績の紹介であった。

記念館は佐藤忠次郎旧邸を会社の迎賓館、社員の福利厚生施設として長年使用されてきたものを整備したものという。気持ちを察してくれたのであろうか、案内係は記念館左手から裏手の庭へと誘ってくれた。

流石《さすが》に迎賓館である。池を中心に回遊式の庭園はみごとなものであった。佐藤忠次郎の文化人としての片鱗にふれ、その企業家としての成功の背後にあるこころを見出し、しばらく庭園に惹かれて立ち尽くす自分がいた。

実は佐藤は地元に深くかかわり、揖屋村長・町長として活躍し、十年余地域社会を牽引し、町政のみならず文化行政にも力を尽くしたことでも知られる。

図4　佐藤忠次郎記念館

国道九号から「黄泉平坂」への案内板に誘われ、進むとわずかで「神蹟　黄泉平坂　伊賦夜坂《いふやさか》　伝説地」に身をおくことができる。近年は駐車場も整備され、神話に誘《いざな》われ訪れる人が多くなっている。駐車場から上手の土手を辿ると石柱仕様の鳥居、そして石碑と続く。

石碑は表に「神蹟　黄泉平坂　伊賦夜坂　伝説地」、裏には「紀元二千六百年七月　佐藤忠次郎　建立」と刻されている。「紀元二千六百年」とは皇紀二千六百年であり、昭和十五（一九四〇）年に当たり、その年に揖屋町長であった佐藤忠次郎が記念事業の一環で建てたものである。

ここで「神蹟　黄泉平坂　伊賦夜坂　伝説地」に因む『古事記』の上巻の記事をしたためておきたい（一部略す）。

ここにその妹、伊邪那《いざな》美命《みのみこと》を相見むと欲《おも》ひて、黄泉国に追ひ往きき。ここに殿の縢戸《とざしと》より出で向かへし時、伊邪那岐命、「愛《うつく》しき我が那邇《なに》妹《も》の命、吾と汝と作れる国、未だ作りをへず。故、還るべし」とのりたまひ

図5　黄泉の比良坂の石碑と鳥居

き。ここに伊邪那美命、「悔しきかも、速く来ずて。吾は黄泉戸喫《よもつへぐい》しつ。然れども愛しき我が那《な》勢《せ》の命、入り来坐せる事恐《かしこ》し。故、還らむと欲ふを、しばらく黄泉神と相論《あげつら》はむ。我をな視《み》たまひそ」とまをしき。かく白《もう》して其の殿の内に還り入りし間、いと久しくて待ちかねたまひき。……一つ火燭《とも》して入り見たまひし時、うじたかれころろきて……ここに伊邪那岐命、見かしこみて逃げ還る時、その妹伊邪那美命、「吾に辱《はぢ》見せつ」と言ひて、即ち予母都志許売《よもつしこめ》を遣はして追はしめき。ここに伊邪那岐命、黒御蘰《くろみかづら》を取りて投げ棄《う》つれば、乃ち蒲子《えびかづら》生りき。是をひろひ食《は》む間に、逃げ行く……猶追ひて、黄泉比良坂《よもつひらさか》の坂本に到りし時、其の坂本に在る桃子《もものみ》三箇を取りて、待ち撃てば、ことごとににげ返りき。……最後に其の妹伊邪那美命、身自ら追ひ来りき。ここに千引《ちびき》の石《いは》を其の黄泉比良坂に引き塞《さ》へて、その石を中に置きて、むかひ立ちて、事戸《ことど》を度す時、伊邪那美命、「愛しき我が那勢の命、かくせば、汝の国の人草、一日に千頭《ちがしら》絞《くび》り殺さむ」といひき。ここに伊邪那岐命、「愛しき我が那邇妹《なにも》の命、汝しかなせば、吾一日に千五百《ちいほ》の産屋立てむ」とのりたまひき。これを以ちて一日に必ず千人死に、一日に必ず千五百人生まるるなり。故、其の伊邪那美命を号《なづ》けて黄泉津大神と謂ふ。……またその黄泉の坂に塞りし石は、道反之大神《みちがえしのおおかみ》と号け、また塞り坐《ま》す黄泉戸大神と謂ふ。故、其の謂《い》はゆる黄泉津比良坂は、今、出雲国の伊賦夜坂《いふやさか》と謂ふ。

［概略］イザナミ命が火神を生み、死者の国、黄泉国へ旅立った。イザナギ命は愛妻に会いに黄泉国へ、

しかしイザナミ命は既に黄泉国の食事をしており、黄泉神に相談するので、その間、自分の姿を見ないよう伝えた。ところがイザナギ命は約束を破り、体にウジが湧くイザナミ命の姿を目にし、恐怖でその場から逃げた。恥をかかされたイザナミ命は黄泉醜女《よもつしこめ》と共にイザナギ命を追い、追い詰められたイザナギ命は黄泉比良坂に大きな岩を置いて道を塞ぎ、イザナミ命に絶縁の言葉を投げかけた。その黄泉比良坂は「今、出雲国の伊賦夜坂」という。

記念碑の「神蹟　黄泉平坂　伊賦夜坂　伝説地」はこの神話を言い当てたものである。

実は『出雲国風土記』に「伊賦夜」に読みが通じる「伊布夜社《いふやのやしろ》」がみえる。また平安時代の法律集『延喜式《えんぎしき》』神名帳《じんみようちよう》には「揖夜《いや》神社」として名を残す。

それは現在、揖屋町街中の一隅、宇《あ》宮《ぎ》山の森叢に鎮座する揖夜神社である。この神社は『日本書紀』斉明五（六五九）年条にも「言屋社」としてみえており、神社の中で史料上歴史的に確認できる最古の神社である。

江戸時代、この神社の鎮座する南北を走る山鼻の峠は山陰道の難所として知られていたが、延享元（一七四四）年に荒島の卜蔵《ぼくら》孫三郎の山陰道改修によって海岸道路に付け替えられその役目を終えている。

文政元（一八一八）年、鳥取藩の国学者衣川長秋《きぬかわながあき》は出雲大社の千家《せんげ》俊信《としざね》を訪ねた帰路、新設された山陰道を通り、その揖夜神社に参拝し、神主の家を訪ねている。そこで神代の伊賦夜坂に想いを馳せ、井上神主から「揖夜神社のうしろかたに小き道あり。古への大道にて八町ばかり南東の方に」あり（『田蓑《たみの》の日記』）という情報を得ている。今も神社の裏手の丘に登る小道があり、昔を偲ばせる。

佐藤忠次郎は何を根拠に石碑「神蹟　黄泉平坂　伊賦夜坂　伝説地」を建てたのであろうか。

今、確かに石碑の地にはイザナギ命が据えたと伝えられる「千引の大岩」が行く手をさえぎるように鎮座している。わたしにはどうしても「置いた」ようにみえる。それは「イザナギ命が据えた」ものではなく、自然の磐座《いわくら》でもなく、人工的な配置である。「千引の大岩」は何時からそこにあったのであろうか。

一般には、昭和十五年、紀元二千六百年七月、佐藤がイザナギ命が据えたと伝えられている「千引の大岩」をみて、そこに「神蹟　黄泉平坂　伊賦夜坂　伝説地」の石碑を建てたと信じられているようである。しかし、わたしにはどうしてもそのようには思えないのである。

紀元二千六百年七月、その祝意を表し、佐藤は「揖屋町長」として故郷の称揚を目指し、一大事

黄泉の比良坂の大石

業として『古事記』神話の舞台を創出したのではなかろうか。「神蹟」の地の選定、そして「千引の大岩」の据え付け、それを記念して石碑「神蹟　黄泉平坂　伊賦夜坂　伝説地」を建てたのであろう。

果して佐藤が定めた「神蹟」の地は正しかったのであろうか。

古代の「伊賦夜」「言屋」の呼称を今に残す揖屋・揖夜の地、そして衣川が聞いた「八町ばかり南東の方にあり」の情報、そして地元が伝えたであろう「平賀」の字《あざ》、総合すれば佐藤忠次郎の歴史をみる眼の確かさが浮かんで来る。

また東側の意東《いとう》へ越える古道は夜見路越、また谷を夜見路谷と呼んだとの言い伝えもある。「神蹟　黄泉平坂　伊賦夜坂　伝説地」の地は確実に故郷「揖屋」の名を高めている。史蹟ではなく「神蹟」とした佐藤の深い思いは何であったのか知りたいところである。

佐藤は昭和十九年一月、宿痾の喘息のため死去、享年五十八であった。余りにも早い死であった。佐藤を顕彰する銅像は三菱農機の

佐藤忠次郎銅像

一角の公園に立つ。その目線は何処に向かっているのであろうか。

イザナミ命の墓は

万物の生みの親、イザナミ命の死、それは神々の世界でも、古代びとの世界でも最大の関心事であった。

『日本書紀』神代上第五段一書五に「伊弉冉尊《いざなみのみこと》、火神を生む時に灼かれて神退去《かみさ》りましぬ。故《かれ》、紀伊国の熊野の有馬村に葬りまつる。土俗《くにびと》、この神の魂《たま》を祭るには、花の時には花を以て祭る。又鼓《つづみふえはた》吹幡旗を用て歌ひ舞ひて祭る」とみえ、イザナミ命の奥津城《おくつき》は「紀伊国の熊野の有馬村」と明記されている。

その地は今、三重県熊野市有馬町にあたり、伊弉冉尊と軻遇突智尊《かぐつちのみこと》を祀る花窟（花の窟）神社として知られている。ご神体とされる巨岩の「ほと穴」という窪みの岩陰が伊弉冉尊の葬地とされている。

しかし、『古事記』には「故ここに伊邪那岐命《いざなぎのみこと》詔《の》りたまひしく、愛《うつく》しき我が那邇妹の命を、子の一つ木に易《か》へつるかも、と謂りたまひて、乃ち御枕方に匍匐《はらば》ひ、御足方に匍匐ひて哭《な》きし時、御涙に成れる神は、香山《かぐやま》の畝尾《うねび》の木の本に坐して、泣沢女神《なきさわのめがみ》と名づく。故、其の神避《かみさ》りし伊邪那美《いざなみ》神は、出雲国と伯伎国《ほうき》との界の比婆之山《ひばのやま》に葬りき」とあり、『日本書紀』とは異なる。『古事記』では出雲・

伯耆（伯伎）国、すなわち島根県と鳥取県の堺の「比婆之山」に葬ったという。

ここではイザナミ命の陵墓が「何処か」を探求する道は歩まない。何故ならイザナミ命を葬った場所があるのではなく、「葬った」と昔のひとが考えた場所という意識で臨むのが筋だからである。それにしても神の墓とは異例である。

ここで注目したいのは『日本書紀』の「土俗《くにびと》、この神の魂《たま》を祭るには、花の時には花を以て祭る」という表現であり、イザナミ命祭祀が「土俗」、すなわち地域の人びとにとどまっている点である。

この点に関しては『出雲国風土記』にみえる「黄泉《よみ》の坂、黄泉の穴」にも言い得ることである。『出雲国風土記』出雲郡宇賀《うか》郷条には「礒《いそ》より西の方に窟戸《いわやど》あり。高さ広さ各六尺ばかり。窟の内に穴あり。人、入るを得ず。深き浅きを知らず。夢にこの礒の辺に至れば、必ず死ぬ。故、俗人《くにびと》、古より今に至るまで、黄泉之坂・黄泉之穴と名づくるなり」とみえ、その「黄泉之坂・黄泉之穴」が大いに注目されている。その所在地について、また黄泉に関する諸説が出されているが、肝心なのはそこにみえる「土俗」であろう。その場所を黄泉と言っているのはその地域の人びと、住民なのであり、その点に関して『出雲国風土記』編纂者は注意していたのである。

ここでイザナミ命の死、そしてその死の周辺で放浪するイザナギ命の移動軌跡を追ってみる。『古事記』によればイザナミ命が死に、イザナギ命が泣き送った場所は飛鳥の「香山《かぐやま》の畝尾《うねび》」であった。『古事記』ではその後、イザナミ命は西の出雲国と伯伎国《ほうき》との堺の比婆之山《ひばのやま》に葬られるが、『日本書紀』では南の「紀伊国の熊野の有馬村」とされている。果たしてその何方が『古事記』の「黄泉比良坂」、『日本書紀』の「泉津平坂」につながるのであろうか。

ここで思い出したいのが『古事記』の「謂はゆる黄泉津比良坂は、今、出雲国の伊賦夜坂と謂ふ」という明言である。そこにいう「謂はゆる」とは「世間で一般にいう」という意味合いである。『古事記』は、皆が常識で知っている「黄泉津比良坂」は「出雲国の伊賦夜坂」と断定していることがわかる。

イザナミ・イザナギ命の移動が飛鳥から西へという軌跡とするならば、飛鳥の「香山の畝尾」から「出雲国と伯伎国の堺の比婆之山」、そして「出雲国の伊賦夜坂」という流れが浮かんでこよう。黄泉から逃れたイザナギ命は出雲からさらに西へ、「筑紫の日向の橘の小戸《をど》の阿波岐原《あはきはら》」へ身を移して禊ぎをするが、その流れも西であった。イザナギ命の東から西へという移動はイザナミ命が葬られたとする地を暗示しているようである。

ただし、すでに各地で万物の生みの親、イザナミ命信仰があり、『日本書紀』が採用した「紀伊国の熊野の有馬村」とする認識もあったのであろう。

黄泉への道

『日本書紀』神代上第五段一書第六に黄泉への道筋に関する記載がある。

伊弉諾尊《いざなぎのみこと》、乃ち大樹に向ひて放尿《ゆまり》まる。これ即ち巨川《おほかわ》と化成る。泉津日狭女《よもつひさめ》、その水を渡らむとする間に、伊弉諾尊、已《すで》に泉津平坂に至《ま》しましぬといふ。

これによれば黄泉への途中には、イザナギ命の放尿が化した大きな川があり、また「泉津平坂」があることがわかる。その情景はわが国最初の仏教説話集、薬師寺の僧景戒《けいかい》が弘仁年間（八一〇〜八二四）に著わした『日本霊異記《にほんりょういき》』に描かれている閻羅王《えんらおう》（閻魔王《えんまおう》）への道と微妙に似ている。閻羅王の「閻」の意は衢（ちまた）であり、古代びとは閻羅王が「道俣（ちまた）」の館で死者の前歴を監査し、地獄へ、極楽へ、現世へ、と審判を下すと考えていた。

『日本霊異記』の上巻三十話では、「二つの駅度《わた》る許《ばかり》なり、路の中に大河あり」、中巻十六話では「行く路広く平かに、直《なほ》きこと墨縄《すみなわ》の如し」、下巻二十二話では「初め広野を往き、次に卒《さか》しき坂あり。坂に登りて観れば槻《つき》あり。……前に深き河あり、広さ一町許なり。」としている。

そこで語られている死後空間は古代びとが生きている現実世界を舞台に説明する。『日本霊異記』の正式名は『日本国現報善悪霊異記』であり、生前の善悪の行いが仏によって現実に「報われる」ことを説くものであり、語られる世界は現実的であることが大切であった。

『日本書紀』には、「大樹」・「巨川」・「坂」がみえ、『日本霊異記』上巻には「大河」、下巻には「坂」・

「槻」・「河」が登場し、総合すると樹木・川・坂の三要素で括れそうである。そこで気になるのは上巻の「二つの駅」、中巻の「行く路広く平かに、直きこと墨縄の如し」である。

「墨縄」とは建築の際に材木に直線を引く道具、炭壺の糸の原初の呼び名である。この「駅」「路広く」、そして「直きこと墨縄の如し」は古代官道の直線道を具体的に物語っているのであろう。

古代律令の道路に関する規定では「凡そ諸道に駅を置くべくは、三十里ごとに一駅を置け」とあり、駅家が約一六キロ毎に置かれる決まりであった。また近年の古代官道の研究では、地方でも六から一二メートルに及ぶ幅員を持ち、また道筋は直線的であることが明らかにされている。閻羅王への道はその古代官道を念頭において語られているようである。

島根県と鳥取県の堺の「比婆之山」、一般に知られる「比婆山」に関しては諸説あり、未だ確定したところはないが、原文では「比婆之山」とあり、「之」の字を大切にするならば「比婆山」という名の山があるのではなく、「比婆」地方の山と考えられる。神話で語られる地が前人未到の場所とは考えられず、人びとの生活圏から余り遠くないところとするならば、「出雲国と伯伎国の堺の比婆之山」は山陰道からさほど遠くない山を想定すべきであろう。今なお断定はできないが、古代山陰道が鳥取県西伯郡南部町の柏尾から安来市伯太町の安田関を結ぶルートであるならば、「比婆之山」は県境、鳥取県西伯郡南部町の母塚山《はつかさん》、そして島根県安来市伯太町の比婆山が候補地として浮かんでくる。

その県境の「比婆之山」空間を念頭において、黄泉津比良坂、すなわち出雲国の伊賦夜坂への道を考えた場合、それは古代の官道、山陰道に重なる道が想定されてくる。黄泉への道、そこには「川」「大河」が想定されており、現実にそれに相当する「川」「大河」が存在したのである。

『出雲国風土記』には河川にかかわる記述がある。意宇《おう》郡条には九流の河川が挙げられているが、その一つに飯梨《いひなし》河がある。

飯梨河　源は三つあり。一つの水源は仁多・大原・意宇の三つの郡の堺の　田原より出で、一つの水源は枯見より出で、一つの水源は仁多郡の玉嶺山より出づ。三つの水合ひて北に流れて入海に入る。年魚《あゆ》・伊具比《いぐひ》あり。

『出雲国風土記』は「川」と「河」の字を分けて使用し、複数の郡を流れる川を「河」と表記し、斐伊河・神門《かんど》河と並んで飯梨も「河」とし、出雲三大河川の位置づけを与えている。

この飯梨河には「野城」橋が掛けられており、『出雲国風土記』によれば、その野城橋は「野城橋に至る。長さ卅丈七尺、広さ二丈六尺なり。飯梨川なり」とあり、橋の長さは約九〇メートル、広さは約八メートルあった。まさに「巨川」であった。

その「巨川」である飯梨河を渡ると山陰道は「黄泉津比良坂」とされた「伊賦夜坂」に向かった

ことになる。「伊賦夜坂」の近くには同じ「いふや」を有する『日本書紀』の「言屋社」、『出雲国風土記』在神祇官社の「伊布夜社」、『延喜式』の「揖夜神社」が鎮座しており、側には山陰道が走っていた。

黄泉津比良坂の周辺

肝心の「伊賦夜坂」であるが、一般に知られた「黄泉津比良坂」に関して未だ十分な理解が進んでいないようである。理解を留めているのは「比良坂」である。『日本書紀』は「比良坂」を「平坂」としており、「比良」が「平」であることはわかる。

この「平坂」に関して近年、ヒラは崖の意であり、サカは境界をあらわす言葉でサカイと同じで黄泉の国と地上の国との境界は断崖のようになっているとの考えが広がっている。しかし、手元にある『時代別国語大辞典』(三省堂)では「ひら」について「主に名詞と複合して薄く平らなさ

「比良坂」とは

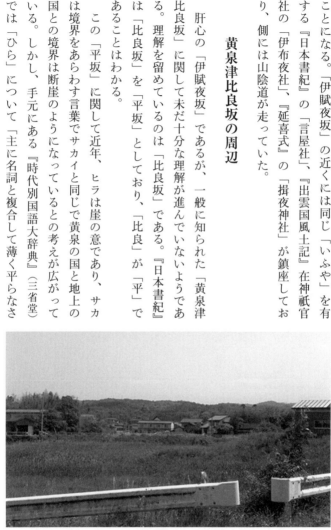

まをあらわす」、白川静の『字訓』では「ひらく」の項で「すべてのものを平たくし、広げることをいう」としており、多くの古語事例を紹介するが、そこには「ひら」を「崖」とするような説明は皆無である。

「坂」が「平」であるという矛盾する「平坂」の理解に詰まり崖説が出て来たのであろう。安来の方から国道九号線（現・山陰道）を西に進むと前面に低い丘陵が「平」たく、南北に帯状にすべてを遮るように広がっている情景をみる。

古代びとは何処を「謂はゆる黄泉津比良坂は、今、出雲国の伊賦夜坂と謂ふ」と考えていたのであろうか。今、国道九号はその一角の「平賀」の地を「坂」越えしていく。その南北に広がる平たい丘陵、古今その何処かを「坂」として越えたのである。行き手をさえぎる南北に広がる平らな丘陵、それこそ「平坂」「比良坂」、「伊賦夜坂」だったのではなかろうか。

第二章　イザナミ命の死と神々の生成

イザナミ命の死の代償

イザナミ命の死の周辺には多くの謎が秘されている。しかし『古事記』によればその死因ははっきりしている。

（イザナミ命が）次に生める神の名は、鳥之石楠船神《とりのいはくすぶねのかみ》、亦の名は天鳥船《あめのとりふね》と謂ふ。次に大宜都比売《おほげつひめの》神《かみ》を生みき。次に火之夜芸速男神《ひのやぎはやをのかみ》を生みき。亦の名は火之炫毘古神《ひのかがびこのかみ》と謂ひ、亦の名は火之迦具《ひのかぐ》土神《つちのかみ》と謂ふ。この神を生みしに因りて、美蕃登《みほと》炙かえて病み臥せり……故、伊邪那美神は、火の神を生みしに因りて、遂に神避《かむさ》りましき。

［概略］イザナミは天鳥船、そして火の神である「火之迦具土神」を生み、火傷して亡くなった。

その「神避《かむさ》り」、死の場所はどこであろうか。死んだイザナミ命の傍でイザナギ命が涙を流した場所を『古事記』では「香山の畝尾の木の本」、『日本書紀』は「畝丘樹下」としており畝傍山付近、古代の大和国十《やまとこくと》市《いち》郡、現在の奈良県橿原《かしはら》市付近が想定される。『古事記』によればイザナギ命の涙から「泣沢女神」が誕生したとあり、「沢」に注目するならば畝傍山の頂上の樹下でイザナミ命を看取ったのであろう。その後、イザナミ命の遺体を葬った場所は先に訪ねた「其の神避りし伊邪那美神は、出雲国と伯伎国との堺の比婆之山」であった。

問題は妻を亡くしたイザナギ命のその後の錯乱した行動であろう。

是に伊邪那岐命、御佩《は》かせる十《と》拳剣《つかつるぎ》を抜きて、その子迦《か》具土神《ぐつちのかみ》の頸《くび》を斬りたまひき。ここにその御刀の前に著ける血、湯津《ゆつ》石村《いはむら》に走り就きて、成れる神の名は、石拆神《いはさくのかみ》。次に根拆神《ねさくのかみ》。次に石筒之男神。次に御刀の本に著ける血も亦、湯津石村に走り就きて、成れる神の名は、甕速日神《みかはやひのかみ》。次に樋速日神《ひはやひのかみ》。次に建御雷之《たけみかづちの》男神《をのかみ》。亦の名は建布《たけふ》都神《つのかみ》。亦の名は豊布《とよふ》都神《つのかみ》。次に御刀の手上に集まれる血、手俣《たなまた》より漏《く》く出でて、成れる神の名は、闇淤《くらお》加《か》美神《みのかみ》。次に闇御《くらみ》津《つ》羽神《はのかみ》。

［概略］イザナギ命は子の迦具土神の首を刀で斬り殺した。その刀から飛び出した血は「湯津石村」に飛び散り、多くの神々となった。

『古事記』によれば、「伊邪那美神は、出雲国と伯伎国との堺の比婆之山に葬りき。是に伊邪那岐命、御佩かせる十拳剣を抜きて、その子迦具土神の頸を斬りたまひき」という流れであり、文中の「是に（ここに）」を注視すればイザナギ命が子神の頸を斬った場所は「出雲国と伯伎国との堺の比婆之山」ということになりそうである。

その「比婆之山」で殺された迦具土神の血は、頸から弾け出て「湯津石村」に「走り就きて」、神々を誕生させたという。その「湯津石村」とは何なのであろうか、否、何処なのであろうか。

岩波書店の『古事記』では「多くの岩石の群れ」、小学館『古事記』では「湯津は『斎《ゆ》つ』、神聖な岩群」、三省堂『時代別国語大辞典（上代編）』では「豊かな岩群」とする。

今までの「湯津石村」の理解は直にその四文字を普通名詞としてとらえ「石村」を「岩の群れ」との解釈を示している。そこには先の問い、「湯津石村」とは「何処なのであろうか」の答えはみえない。

血がほとばしった場所が「比婆之山」という具体的な場所であるならば、血が就き、神々が生成した場所も具体的場所、そこは「湯津石村」ではなかろうか。

「湯津石村」はあった

出雲国は江戸時代、寛永十五（一六三八）年に転封してきた松平直政が起こした松江藩の領する地であった。松江藩の儒官《じゅかん》・黒澤長顕《くろさわながあき》が第三代藩主綱近から命を受け、五代宣維《のぶずみ》の享保二（一七一七）年に子の黒澤長尚《ながなお》の手によってまとめられた出雲国一国にわたる地誌に『雲陽誌《うんようし》』がある。それは近世の『出雲国風土記』と言っても過言ではない。出雲の古代史研究が深化の道を歩むことが出来るのは『出雲国風土記』の研究に『雲陽誌』が資するからである。

その『雲陽誌』の仁多郡の項に「石村《いしむら》」がみえる。

石村

御崎明神　風土記に載る石壹社《いしいち》なり、本社五尺四方、元和《げんな》五年営作の棟札《むなふだ》、あり、祭日九月九日

此処を山の神谷といふ

古宮　昔御崎の宮、此所にあり、故に古宮といふ、社辺に福富といふ田あり、

往古八束穂《やつかほ》の稲を生す、里老伝る歌

石壹の社にかゝる阿井川の　水のきとくに八束穂のいね

仁多郡「石村」、出雲でもその地名を知っている人は少ないであろう。付近で知られた所と言えば湯村温泉である。「湯村」、何となく「湯津」につながりそうである。また「石村」を象徴するの

は名庭園、石の庭園、菖蒲の庭園として知られる石照《せきしょう》庭園であり、四季織りなす名園を思い浮かべていただければ「石村」の場所に思い当たるであろう。

「石照」庭園の名は庭園内の観音堂である石照寺からの命名と聞く。「石照」寺の寺名に「石村」の名の残照を見る。近くを逍遥すると「石集会所」がひっそりと建っている。その玄関にかかる「石村」の存在を物語る「石集会場」の扁額が嬉しい。

『雲陽誌』がいう石村の鎮守、「御崎明神」は現在、日御《ひのみ》碕《さき》神社として祀られている。「神谷」という森を光背に斐伊川に向かい鎮座するが、かつては『雲陽誌』によれば、今より少し西の方、石照庭園・石集会場を通り過ぎた阿井川の岸辺に鎮座していたという。

『雲陽誌』の残した歌、「石壹の社にかゝる阿井川の　水のきとくに八束穂のいね」は石村の社が「阿井川」の辺であったことを物語っている。その場所は「古宮　昔御崎の宮此所にあり、故に古宮といふ、社辺に福富といふ田あり」という場所であり、石照庭園の堀江洋伸氏によれば、かつて旧温泉小学校の体育館付近に字「神田」があったという。その付近、「阿井川」の水しぶきが飛び来る場所が「石壹の社」が鎮座地であった。

改めて『雲陽誌』の歌をかみしめておこう。

往古八束穂の稲を生す、里老伝る歌

石壹の社にかゝる阿井川の　水のきとくに八束穂のいね

「石村」の鎮守、日御碕神社はかつて『雲陽誌』によれば「風土記に載る石壹社」だという。確かに「文政年間村々絵図」の石村をみると、そこには「石一社」がみえる。石「壹」社の略字表記の石「一」社である。しかし、残念ながら『出雲国風土記』には「石壹社」なる社名はなく、あるのは「石壺社」である。「壺」と「壹」、字形が似ていることから誤写されたのであろう。

しかし、その「石壺社」は現在、石村になく斐伊川を隔てた尾原の集落に石壺神社として鎮座している現実がある。数年前に尾原ダム工事の関係もあり、石壺神社は境内、社殿を一新したが、その間、ご神体は石村の日御碕神社にご遷座していたと聞く。

あくまで私説であるが、尾原の現・石壺神社は「尾原」に注目すればわかるように風土記の「大原社」であり、風土記の「石壺社」は石村の日御碕神社だったのであろう。歴史の流れの綾が見て取れる。それは『雲陽誌』の語る世界でもある。尾原の石壺神社の一時の日御碕神社へのご遷宮は神々の古里帰りだったのであろうか。

日御碕神社から古宮付近、平田橋付近までの斐伊川の流れに目をやると川水の流れの中に丸い岩が水の流れを誘うように点在している情景を見いだす。それは「石の群れ」で「石村」の名に相応しい。石の行列である。その情景は時の流れの中で形成されてきたのであろうが、斐伊川の流れの中で「石川」の名に相応しい石磐が多い場所は限られていることを知る。

では「湯津」とは何であろうか。確かに「ゆつ」には「斎つ」という意味がある。『古事記』でも有名なスサノヲ命の八俣遠呂智（ヤマタノヲロチ・八岐大蛇）退治の際に「櫛名田比売（稲田姫）」を「湯津爪櫛」に変身させ、護符にしたと見える。この「湯津爪櫛」は神聖な櫛であろう。

「湯津石村」はその理解からすれば神聖な石村となる。ではその神聖性はどこからきたのであろうか。

実は石村の地は、『出雲国風土記』仁多郡条によれば仁多郡三澤郷域内であった。その地は出雲国造の禊《みそぎ》の場所として知られていた。その三澤郷内で注目すべきは、今、湯村温泉で知られる漆仁《しつに》の湯である。

飯石《いひし》郡の堺なる漆仁の川の辺に通るは廿八里なり。即ち川の辺に薬湯《くすりゆ》あり。一たび浴《ゆあみ》すれば、則

石村を流れる斐伊川、石が流れを誘う

ち身體《みぬち》穆平《やは》らぎ、再び浴すれば、則ち万《よろづ》の病《やまひ》消除《い》ゆ。男も女も老いたるも少きも、昼夜息まず、駱驛《つら》なり往来《かよ》ひて、験《しるし》を得ずといふことなし。故、俗人《くにびと》号《なづ》けて薬湯といふなり。即ち正倉あり。

ここに見える「漆仁」は川名ではなく、漆仁地域を流れている川という意味である。現に「漆仁川」は『出雲国風土記』の川の項には見えない。「漆仁」は『出雲国風土記』仁多郡社名にみえる「漆仁社」を中心にする集落、「正倉」も置かれた交通の要衝地と思われる。古代からの名湯であり、地元の人々が「薬湯」の名を着けるほどであった。

この付近は交通の要衝ということもあり、斐伊川の河川交通の終着点であり、また陸路につながる津もあったと思われる。そこはまさに「湯津」でもあり、「薬湯」、そして出雲国造の神賀詞《かむよごと》奏上にともなう神聖な「三澤」の地でもあった。

「いはまど」の神

「湯津石村」に「走り就きて、成れる神」の中に「石筒之男神」がみえる。実は「湯津石村」と同じと思える「湯都磐村」が祈年

趣のある「漆仁湯」の扁額

祭、そして御門祭《みかど》の祝詞《のりと》の中に登場する。ここでは祈年祭祝詞を紹介する。

御門《みかど》の御巫《みかむなぎ》の辞竟《こと》へまつる、皇親《すめがみ》らの前に白さく、櫛磐間門命《くしいはまどのみこと》・豊磐間門命《とよいはまどのみこと》と御名は白して、辞竟へまつらば、四方の御門に、湯都磐村《ゆついはむら》の如く塞《さや》りまして、朝には御門を開きまつて、夕べには御門を閉めてまつり

実はこの祝詞にみえる「櫛磐間門命・豊磐間門命」は『古事記』の天孫降臨の伝承で、降臨の副使として侍従した神として姿を見せている。

次に天石戸別神《あめのいはとわけのかみ》、亦の名は櫛石窓神《くしいはまどのかみ》、豊石窓神《とよいはまどのかみ》と謂ふ。この神は御門の神なり。

明らかに「石窓」「磐間門」と字は異なるが、読みは同じ「いはまど」であり、またともに「御門」に関わる神であり、そして「ゆついはむら（湯都磐村・湯津石村）」に鎮座した神で同神である。『古事記』によれば「櫛磐間門命・豊磐間門命」は元は一体の神であり、その名は「天石戸別神」と呼ばれていたという。因みに「間門《まど》」は「窓」、そして真義は「真戸」なのであろう。

この「天石戸別神」は天石屋戸伝承にはみえないが、手力男命《たぢからをのみこと》・布刀玉命《ふとだまのみこと》とともに何らかの活動

をしたはずである。天の「石戸」は一つであるが、「戸《と》」は「門《と》」であり、考え次第では「門」は「一つであり二つである」という認識が神名に反映しているのであろう。

ここで迦具土命の死の話に戻ると「御刀の前に著ける血、湯津石村に走り就きて、成れる神の名は、石拆神。次に根拆神。次に石筒之男神」とみえる。その中では「石筒之《いはづつの》男神《をのかみ》」の重要性が浮かんでくる。何故なら『古事記』天孫降臨の「天石戸別神」とこの「石筒之男神」は、「ゆついはむら」・「御門」神という要素を勘案すると同神である可能性が高いのである。

「岩筒之男神」に関しては「筒」の意がとらえにくく、結果「名義不明」、「岩の精霊」程度の解釈にとどまっているが、実は『古事記』の写本のいくつかでは「石箇《いはか》之《の》男神《をのかみ》」となっているのに気づく。「筒」と「箇」である。

岩波書店の日本思想大系の『古事記』（青木和夫・石母田正・小林芳規・佐伯有清）は「石箇之男神」、同じ岩波書店の日本古典文学大系の『古事記』（倉野憲司）は「石筒之男神」と校訂している。先に「石筒之男神」を援用したが、「石箇之男神」の方に魅力を感じる。「箇」は一個、二個につながる「箇」であり、原義は「数える」にある。「石村」「磐村」の「村」は「群れ」であり、「箇」に通じそうである。

複雑怪奇であるが、『古事記』・祝詞にみえた一神としての「石箇之男神」「石戸別神」、二神としての「櫛磐間門命・豊磐間門命」は同神なのであろう。この神の本質を物語るのはその鎮座地と想定されている「ゆついはむら」ではなかろうか。「ゆついはむら」の特徴は祝詞にみえるように「御門」であり、「湯都磐村の如く塞り」するような場所であった。

現在、余り関心が持たれていないが、神社の随神門には「御門」神、「櫛磐間門命・豊磐間門命」が祀られている。一般に「矢大臣」などとも呼ばれているが、随神門の格子の中であり、その存在に気付かない参拝者も多いのではなかろうか。「磐間門」という神名を勘案すると、鳥居以前には、一つ、あるいは二つの聖なる「磐」で神社の聖地を守っていた時代があったのではという思いが浮んでくる。

江戸時代後期に刊行された京都の地誌『都名所図会《みやこめいしょずえ》』には京都太秦《うずまさ》の木嶋坐天照御魂《このしまにいますあまてるみたま》神社の本殿前庭石段の両脇には磐が描かれており、それは現在に至るも本殿を「湯都磐村の如く塞《さや》り」し守り、まさに「櫛磐間門命・豊磐間門命」の根源の姿を示している。

その根源はさらに深まるのかも知れない。ここで「ゆつ

木嶋坐天照御魂神社　二つの灯篭の外側に聖なる岩が置かれている

いはむら」の故地と思われる雲南市木次町平田、かつての仁多郡石村に身を置いてみよう。石村の中心、石照庭園付近から斐伊川に沿いながら左岸を下ると平田橋付近から急に両岸が迫り、遂には流れ来る阿井川に先を阻まれ、先に進むことが不可能になる。現在、右岸には国道の東条街道が走る。左岸には中国電力新北原発電所があり、東条街道にはバス停「発電所前」があるが、かつて江戸時代には斐伊川沿いには両岸ともに道はなかったのである。そのバス停「発電所前」付近の字が「門（かど）」であることは重要な意味を持っていそうである。

石村から斐伊川の下流に目をやれば、両岸は高く斐伊川の流れに強く迫る光景は神の道の参道「川」を守る「御門《みかど》」である。字「門」、それは地域環境とともに千三百年余の星霜を経てきたのであろう。

明治の十年代に当地を訪れた信濃の富岡喜代之助は「門」を「御坂山《みさかやま》に登る阿位川の流れ」の「門番と云う地」としている。その「御坂山」であるが、実に『出雲国風土記』仁多郡条に次のように姿を現している。

御坂山　郡家《ぐうけ》の西南のかた五十三里なり。即ち、この山に神の御門あり。故、御坂といふ。（備後と出雲の堺なり。鹽味葛《えびかづら》あり。）

従来、この御坂山は猿政山（一二六七メートル）とされ、そこに鳥居があったとされてきている。

それは「御門」を現代感覚ですぐに鳥居とするのであり、そこには古代びとの「感じた空間」はなかった。

島根県立図書館蔵（原本は飯石郡赤穴村の赤穴源太郎所蔵、大正二年島根県史編纂掛が書写）の明治十六（一八八二）年二月の富岡喜代之助（長野県士族、信濃国埴科郡松代町）の大著『御坂山御遺蹟實記』は五年余の猿政山実地踏などの記録、考察である。

富岡は「御坂」を「神避《みさか》」と考え、イザナミ命の墓所と考え、地元の人も登らない猿政山へ「死を誓ひ」「天地神明の請ひ祈り」して登り、遂に「巌の柱」三十六本の「瑞の磐籬」を発見した。明治十三年には八人を連れて再び登り、岩上の苔をはぎ取り、「二字二行一字一行」の五文字「二神天下處」を見出したという。

この三十六本の柱状節理は古代びとにとって「御門」であったのであろう。富岡が残した絵はその雰囲気を今に伝えてくれる。

なお、『出雲国風土記』には神の御門と思われる記載が他にもみえる。その一つは飯石郡の「三《みと》屋《や》郷」である。

富岡の描いた「二神天下處」図

三屋郷　郡家の東北のかた廿四里なり。天の下造らしし大神の御門、即ちここにあり。故、三刀矢といふ。神亀三年、字を三屋と改む。

ここでは「天の下造らしし大神」、すなわち大国主神の「御門」と言っている。『出雲国風土記』には「御門屋社《みとやのやしろ》」もみえる。加藤義成はこの御門について、「御門は今の鳥居にあたると思われ、ここに神門を建てて出雲大社を遙拝したのであろう。御門屋はそこに建てた拝殿であろうか」とする（『出雲国風土記参究』）。この三刀屋の地は斐伊川の流れに左岸から峯寺山、右岸から城名樋山《きなびやま》が急接近するところであり、石村と同様に神の道の参道、斐伊川の「御門」だったのである。「御門」を直ぐに現代的に解釈し、鳥居とするのではなく、古代びとの感性に共感する形で考えるべきであろう。現地に立ち、古代びとが眺めた、感じた空

三刀屋の「御門」

間を見つめてもらいたい。

わたし自身、今まで神社に参詣する折、随神門は参拝の対象ではなかった。この度、「湯津石村」に身を置き、そして「櫛磐間門命・豊磐間門命」の在り様を知ることにより、神社参拝の意識、方法が変わった。

今まで多くの神社で素通りした随神門、改めて「櫛磐間門命・豊磐間門命」の神に非礼を詫び、出来る限り参拝したいと思う。

神社の随神門、寺院では仁王門である。仁王門の仁王は正面を向き、参拝者にその威儀を示すが、随神門の神はお互いに向き合い、横から参拝客を迎える。同じく聖なる地への「門」であるが、正面・横面の相違、参拝客に向き合うその相違に何が秘められているのであろうか。

「樋速日神」という神

「迦具土命」の死の伝承は、「次に御刀の本に著ける血も亦、湯津石村に走り就きて、成れる神の名は、甕速日神。樋速日神」と続く。そこに古代の出雲を考える時に無視できない神、「樋速日神」がみえる。「樋速日命」の「樋」は出雲の大河、「斐伊」川の名称の始原を示す用語である。

古典にみえる「斐伊」川の表記は多様である。『出雲国風土記』出雲郡条河川項においては「出雲大川」とみえる。また出雲郡界条にては神門郡の堺として「出雲大河」、神門郡界条では「出雲大川」、巻末道度条では「出雲河」とも表記されている。これは斐伊川が「出雲」を冠して呼称されるのは、斐伊川が「出雲・神門・飯石・仁多・大原」の五郡を流れる大河であり、その堤防維持など河川統御権が出雲国のもとにあったという政治的な名称と思われる。

『出雲国風土記』はその出雲大川の説明の中では「謂はゆる斐伊川の下」、「謂はゆる斐伊大河の上」としており、その「謂はゆる」は皆が知っている用語への転換であり、世間的、日常的に「斐伊川」の名は有名であったことがわかる。

「斐伊」に関して現在は「ひい」と読むが、『出雲国風土記』の「斐伊」は必ずや「ひ」と一音で読んでいたはずである。『古事記』はスサノヲ命の出雲降臨地を「出雲国之肥《ひ》河」、同降臨地を『日本書紀』は「出雲国簸《ひ》川上」としている。一字の「肥」「簸」はすべて「ひ」と読む。「ひ」と「ひい」に関しては「斐伊」の始原を語る『出雲国風土記』に戻らなければならない。

『出雲国風土記』大原郡条には「斐伊郷　郡家に属《つ》けり。樋《ひ》速日子命《はやひこのみこと》、ここに坐す。故、樋といふ。神亀三年、字を斐伊と改む。」とみえており、神亀三（七二六）年の民部省の行政地名（国郡郷里）の「好字二字」化の命により、「樋」の一字から「斐伊」の二字に改名されたことがわかる。

ただし、同じ『出雲国風土記』には在神祇官社として「樋社」が二社みえており、私的には「樋」も使われ続けていたことがわかる。ここで見落としてならないのは「樋」から「斐伊」への「好字二字」化はあくまで「字を斐伊と改む」とある通り漢字表記の変更であり、「読み」の改定までは求めていないことであろう。
『出雲国風土記』によれば斐伊川は、流路の「出雲・神門・飯石・仁多・大原」の五郡に「土地豊沃《こ》えて、五穀・桑・麻、稔りて枝を頗《かたぶ》け、百姓《おほみたから》の膏腴《ゆたか》なる薗なり。或は土體《つち》豊沃《こ》えて草木叢《む》れ生《お》ふなり。則ち年魚《あゆ》・鮭・麻須・伊具比《いぐひ》・魴《なよし》・鱧《はも》などの類《たぐひ》ありて、潭湍《ふちせ》に雙《なら》び泳げり」という生活環境をもたらしていたという。それは人々にとってまさに「肥」川であった。

　斐伊川、「ひ」川の「ひ」の本源は『古事記』の「肥」、『日本書紀』の「簸」、そして『出雲国風土記』の「樋」のどれであろうか。『古事記』の「肥」は確かに斐伊川の恵みを念頭に置くと相応しく思えるが、それは後からの当て字であろう。命名はより具象的な事柄からなされるのではなかろうか。そういう意味で「樋」は水の流れであり、『出雲国風土記』出雲郡河内郷条の「斐伊大河、この郷の中を西に流る。故、河内といふ。即ち隄《つつみ》あり。長さ一百七十丈五尺」という巨大堤防の造成はまさに巨大な「樋」そのものとして人々の目に映ったのであろう。

　ちなみに『日本書紀』の「簸」も深い意味を有している。「簸」は一般に米の精選過程における糠《ぬか》や塵《ちり》などを取り除く箕のようなものとされているが、鉄生産における川砂から砂鉄を採集する際にも使われたのではなかろうか。古代出雲、斐伊川上流地域の仁多郡では鉄生産が盛んに行われており、「簸」はそれを物語る命名とも理解できよう。因みに「迦具土命」は製鉄神の性格を有しているという。

『出雲国風土記』大原郡条には「斐伊」川の名称の根源をなす「樋」、その字を冠する「樋社」が二社載せられている。ともに「在神祇《ざいじんぎ》官社《かんしゃ》」であり、都の神祇官の官帳に記名され、祈年祭には幣帛《へいはく》が奉られる由緒ある神社である。その二つの「樋社」は平安時代の法律『延喜式《えんぎしき》』巻十神名帳にも「斐伊神社」、そして「同社坐《どうしゃにいます》斐伊《ひい》波《は》夜《や》比《ひ》古《こ》神社」として登場する。

現在、「湯津石村」の下流、木次《きすき》町の里方、木次線脇の丘にその斐伊神社が鎮座している。『出雲国風土記』の「樋社」が千三百年の歳月を経て、今も斐伊神社として祀られている。ただし、『延喜式』が物語るように二社あった「樋社」は延喜の頃には一社となり、「同社坐」「斐伊波夜比古神社」とあるように二つの「樋社」の一つが合祀される形で一社となり、今日に至ったことがわかる。

歴史の流れの中で祭神も多様に変化してきたが、今は本殿に須佐之男命・稲田比売・伊都之尾羽張命《いつのおはばりのみこと》、合殿《あいどの》に樋速

大原郡斐伊神社

比古命・甕速日命・火炫毘古命《ひのかがびこのみこと》を祀っている。後者の三神は明らかに「迦具土命」神話を意識しており、「湯津石村」から勧請されたのであろう。

『出雲国風土記』は斐伊郷の内情にふれ、「新造院一所斐伊郷の中にあり。郡家の東北一里なり。厳堂が建立《た》つ。尼二體あり。斐伊郷の人、樋印支知麻呂之造るところなり」とする。それによれば、斐伊郷の氏族として「樋」一族が居住していたことがわかる。かつて大原郡の郡家は北方の屋《や》裏《うち》郷にあったが『出雲国風土記』編纂の頃には斐伊郷に移転していた。その大原郡の中心をなす斐伊郷内に「新造院（未だ寺名がない寺院）」を造立した樋一族は地域の有勢者であったと思われる。

「樋印支知麻呂」の名前は微妙であり、「樋」＋「印支知《いきち》麻呂《まろ》」、「樋印《ひい》」＋「支知麻呂《きちまろ》」、「樋」＋「印支《いなぎ》」＋「知麻呂」なのか悩むところである。どれを採用するか決定的根拠はなく、本人に尋ねるしかないが、どれにしても「樋」

大原郡新造院、樋一族の寺

を冠しており、「樋速比古命」を祀った人なのであろう。

「迦具土命」神話は出雲・伯耆の堺、「比婆之山」を起点として仁多郡の「湯津石村」、そして斐伊川を下り、大原郡の「斐伊郷」へと展開していた。その地にやがてイザナギ・イザナミ命の愛児であるスサノヲ命の勇姿を見るのである。

第三章　スサノヲ命の遙かなる旅路

原「日本神話」という世界

出雲を舞台にする八岐大蛇《やまたのをろち》退治神話、及びそれに続くイナダ姫との結婚譚《たん》が『出雲国風土記』の中に一行も記されていないことが問題とされる。結果、二つの出雲神話が想定されることになる。一つは記紀神話として取り上げられる大和、すなわち中央の大和王権が出雲を舞台にして語った神話である。『古事記』『日本書紀』にみえるスサノヲ命のヤマタノヲロチ退治・稲羽《いなば》の素兎《しろうさぎ》・国譲り神話という神話群である。

今一つの出雲神話は出雲の豪族、出雲国造（くにのみやつこ、現在は「こくそう」と呼称する）を中心にまとめあげられた『出雲国風土記』にみられる国引き神話などがそれに当たる。

中央で作成された『古事記』『日本書紀』、出雲という地方で編纂された『出雲国風土記』では描かれた歴史像、神話像が異なることは確かにありえるであろう。しばしば前者を「出雲系神話」、後者を「出雲神話」と分けて呼称するが、まずは分ける前にその両神話を包み込むより大きな原日本神話の存在を想定すべきではなかろうか。

『古事記』の語りに身を寄せて

避追《やら》はえて、出雲国の肥の河上、名を鳥髪《とりかみ》といふ地に降りたまひき。この時、箸その河より流れ下りき。ここに須佐之男命《すさのをのみこと》、人その河上にありとおもほして尋ね覓《もと》めて上り往きたまえば、老夫《おきな》と老女《おみな》と二人ありて、童女《をとめ》を中に置て泣けり。ここに「汝等は誰ぞ」と問ひ賜ひき。故その老夫答へて言ふ、「僕《あれ》は国つ神、大山津見神《おおやまつみのかみ》の子ぞ。僕の名は足名椎《あしなづち》、妻の名は手名椎《てなづち》と謂ふ、女の名は櫛名田比売《くしなだひめ》と謂ふ。」、亦「汝が哭《な》く由は何ぞ。」、答へ白言《もを》して「我が女は、本より八稚女《やをとめ》あり。この高志《こし》の八俣遠呂智《やまたのをろち》、毎年に来て喫《く》へり、今そが来るべき時なり。故泣く。」。ここに「その形は如何。」と問へば、「その目は赤加賀智《あかかがち》の如くして、身一つに八頭八尾《やかしらやを》あり、またその身には蘿《こけ》と檜榲《ひすぎ》と生ひ、その長さ谿《たに》八谷峡《を》八尾に度りて、その腹をみれば、悉に常に血爛《ただ》れつ。」と白《もを》しつ。

ここに速須佐之男命、その老夫に「この汝が女をば、吾に奉《たてまつ》らむや」とのり給ひしに「恐《かしこ》けれども御名を覚《し》らず」、ここに「吾は天照大御神《あまてらすおおみかみ》の伊呂勢《いろせ》なり。故今、天より降り坐《ま》しつ」とのりたまひき。ここに足名椎・手名椎神、「然坐《しかまさ》さば恐し、立奉らむ。」と白しき。ここに速須佐之男命、乃ち湯津《ゆつ》爪櫛《つまくし》にその童女を取り成して、御美豆良《みづら》に刺し、その足名椎・手名椎神に「汝等は八鹽《やしほ》折《をり》の酒を醸《か》み、また垣を作り廻らし、その垣に八門を作り、門毎に八佐受岐《さづき》を結ひ、その佐受岐毎に酒船を置きて、船ごとにその八鹽折の酒を盛りて待て。」

故、告り給ひしままに、かく設備《もう》けて待ちし時、その八俣遠呂智、信《まこと》に言ひしが如く来つ、乃ち船ごとに己が頭を垂れ入れてその酒を飲む、ここに飲み酔ひて留まり伏し寝き。ここに速須佐之男命、その御佩《は》せる十《と》拳剣《つかつるぎ》を抜きて、その蛇を切り散りたまひしかば、肥河血に変りて流れき。その中の尾を切りたまひし時、御刀の刃毀《はか》けき。ここに怪《あや》しと思ほして御刀の前を以て刺し割けば、都牟刈《つむがり》の大刀ありき、故この大刀を取りて、異《あや》しき物と思ほして、天照大御神に白し上げたまひき。こは草那芸《くさなぎ》の大刀也。

故これをもちてその速須佐之男命、宮造作るべき地を出雲国に求《ま》ぎたまひき。この須賀の地に到り坐《ま》して「吾この地に来て、我が御心須賀須賀《すがすが》し」と詔《の》りたまひて、その地に宮を作りて坐しき。故、その地をば今に須賀と云ふ。この大神、初めて須賀の宮を作りたまひし時、その地より雲立ち騰《のぼ》りき。ここに御歌を作《よ》みたまひき。

その歌は、

八雲立つ　出雲八重垣　妻籠《つまご》みに　八重垣作る　その八重垣を

ここにその足名椎神を喚びて、「汝は、我が宮の首任《おびとた》れ。」と告言《の》りたまひ、また名を負せて、稲田宮主須賀之八耳神と号《なづ》けたまひき。故、その櫛名田比売を以て、久美度邇《くみどに》起して、生《う》める神の名は八嶋士奴美《やしまじぬみ》神と謂う。

〔概略〕高天原を追われたスサノヲ命は「出雲国の肥の河上」の鳥髪の地に降り立ち、「肥川」でヤマタノヲロチを退治し、アシナヅチ・テナヅチの娘クシナダ姫と結婚する。スサノヲ命は宮を出雲国「須賀」の地に造り、「八雲立つ　出雲八重垣　妻籠みに　八重垣作る　その八重垣を」の歌を詠み、アシナヅチを宮の責任者とした。クシナダ姫はやがてヤシマシヌミ神を生んだ。

この『古事記』の神話と『日本書紀』の神話を比較するとほぼ内容は同じであるが、神話の証《あかし》となる地名については、『日本書紀』では「肥の河上」が「簸の川上」、「須賀」が「清（素鵝）」、「稲田宮主須賀」が「稲田宮主簀狭」、「鳥髪」が「鳥上」になっているのに気づく。

奥出雲、神々の安住の地

「肥の河上」の「鳥髪」の地、そこは仁多郡奥出雲町大呂の鳥上である。山間であるが、そこは仁多の高原であり、見上げる空は大きく羽を広げた世界である。その地に立てば空が近くに感じる。

スサノヲ命が降り立った場所は『古事記』では「鳥髪」である。現在の鳥上小学校、鬼神神社付近が想定されそうである。その際、斐伊川上流から箸が流れてきたという。人びとは足名椎・手名椎・櫛名田比売の家族はその上流地域で生活していたと考えていたのであろう。

この地は古代、『出雲国風土記』よれば仁多郡に属す。仁多郡は四郷、三處・布勢・三澤・横田郷で構成され、四郷とも「諸郷よる出すところの鐵堅《まがねかた》くして、尤《もつと》も雑《くさぐさ》の具《もの》を造るに堪《た》ふ」と記されている。出雲の国の鉄生産の拠点であった。しばしばスサノヲ命・ヤマタノオロチ神話を語る際にスサノヲ命を製鉄神と紹介する場に出会う。困惑しつつ聞き流しているが、考えようであろうか。

鳥上の地から斐伊川を遡るとまずは右手に追谷《おひだに》集落が広がる。江戸時代、伯耆国から移住した卜蔵《ぼくら》一族がいち早く鉄生産を行ったところである。斐伊川に架かる卜蔵橋を渡ると卜蔵庭園の美と蕎麦処椿庵の心が迎える。追谷集落の遊歩道の始まりである。

美しい棚田の縁を上がると卜蔵氏の残したたたら跡、鉄池、そして屋敷跡など、また金屋《かなや》子神《このかみ》信仰の桂の木など、清冽な湧き水、それらはかつての鉄師卜蔵家の繁栄を物語り、眼下に広がる棚田は地域の方々の歴史を生き抜く力を物語る。棚田に張られた水鏡に鉄の神・スサノヲ命、稲の神・稲田姫の手つなぎを見る。

棚田から離れ、箸の流路を斐伊川の流れに求め、追谷集落に沿いながら万才峠《ばんじようだわ》へと遡ると、途中、万丈下の斐乃上別れに万蔵山《ばんじようやま》之神社《かみしや》を見出す。

享保二（一七一七）年の『雲陽誌』は仁多郡竹崎項に「鳥上山」をあげ、「日本紀・風土記に載る処なり、素戔嗚尊《すさのをのみこと》、志羅伎《しらぎ》の国より波爾都知《はにつち》をもつて船を作、五十猛神《いそたけのかみ》をひきゐて此の峯に至り座す、今里俗船通山といふ」としており、竹崎の地は近世にはスサノヲ命の神域という意識があったことがわかる。

鳥上小学校前の鬼神神社の鳥居横の大岩は「波爾都知（埴土《はにつち》：粘土）」で作った船が石と化したと伝えられている。そこから眺め見る鳥上山は船通山とも呼ばれる。

山の神神社

山の神神社の本殿というか祠

鬼神神社の船石

歴史は語る。実にこの神社の御祭神はアシナヅチの親神である大山祇命《おおやまつみのみこと》という。由緒によれば、大山祇命がこの地に降り給い、御子の足《あし》名《な》槌之命《づちのみこと》に「国土を万歳に保ち、国津《くにつ》神《かみ》たれ」と詔り給いし故に「万歳」というと伝える。

　鳥上の地から斐伊川を溯上した竹崎の地にアシナヅチ所縁の神社があることは地域社会における伝承の深さを物語っている。人なき境内、拝殿の後ろに小さな祠が鎮座している。アシナヅチ・テナヅチ・稲田姫の家族が暮らしていたと伝える空間を今、物語るのはこの祠一つである。スサノヲ命と稲田姫の出会った聖地、何時までも残したいものである。

　今、一つ注目されるのは横田町稲原の稲田神社である。深き杜の中、奇異に映るほど雅趣あふれる社殿の創設は昭和七（一九三二）年に敬

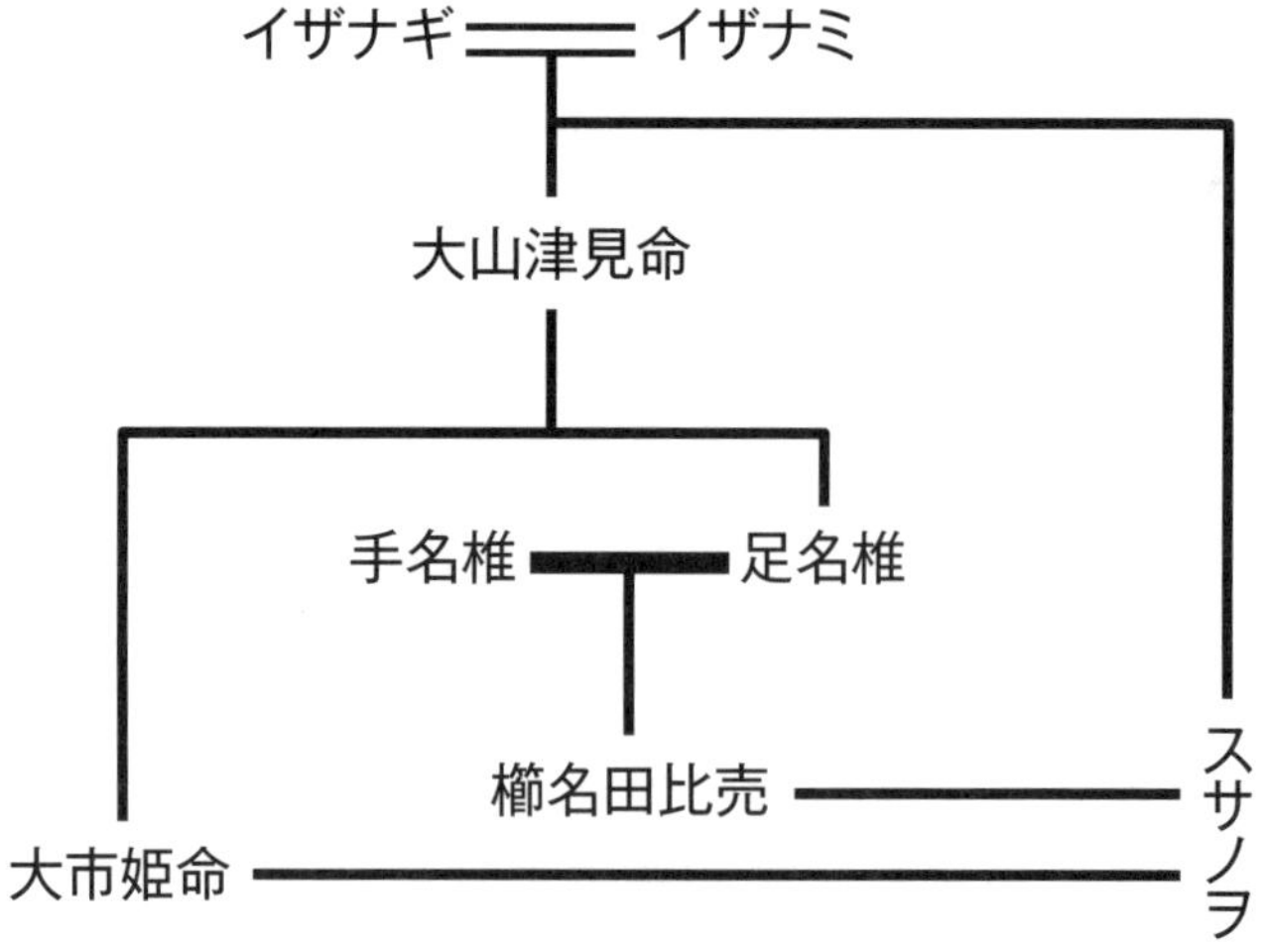

大山津見命の一族

神家の小林徳一郎の築造、寄進にさかのぼる。氏子がいないという運命の中、永年の風雨、風雪により朽ちかけていたが、近年、地元の方などが中心になり、境内も整備され、社殿の修復もなされ、さらに旧社務所に蕎麦屋、ゆかり庵が営業され、見事に蘇っている。

稲田神社の鎮座地の元の地名は「稲田」であったが、明治四年に隣村の「原口」村と合併し、「稲原」という合成地名となった。今に思えば、「稲田」の地名を失ったことは地域の歴史を思えば残念なことであるが、字「稲田」は地元の会館などの名前として息づいている。確かに享保二年の『雲陽誌《うんようし》』をひらくと仁多郡に「稲田」、「原口」の村名がみえる。残念ながらその稲田村の神社としては「矢入明神」がみえるだけで稲田神社の姿をみることはできない。

しかし、明治十三年（一八八〇）の「仁多郡神社明細帳《めいさいちょう》」によれば「稲原村字《あざ》矢入」鎮座として稲田神社がみえ、その所蔵の寛永元年（一六二四）の棟札には「稲田村大明神」とみえる。流れからみてこの「稲田村」の大明神が「矢入神社」であったと考えられよう。

実は江戸時代の「文政年間村々絵図」の仁多郡稲田村をみると、ほぼ現在地に鳥居、社殿、神木が描かれ、「稲田大明神」の社名が明記されている。地域社会に古くからスサノヲ命、そして稲田姫に関する言い伝えがあったことをうかがうことができる。

しかし、そこには不思議にもヤマタノヲロチは姿をみせない。また、スサノヲ命がアシナヅチ家族の窮状を知り、ヤマタノヲロチを退治した場所も語られていない。

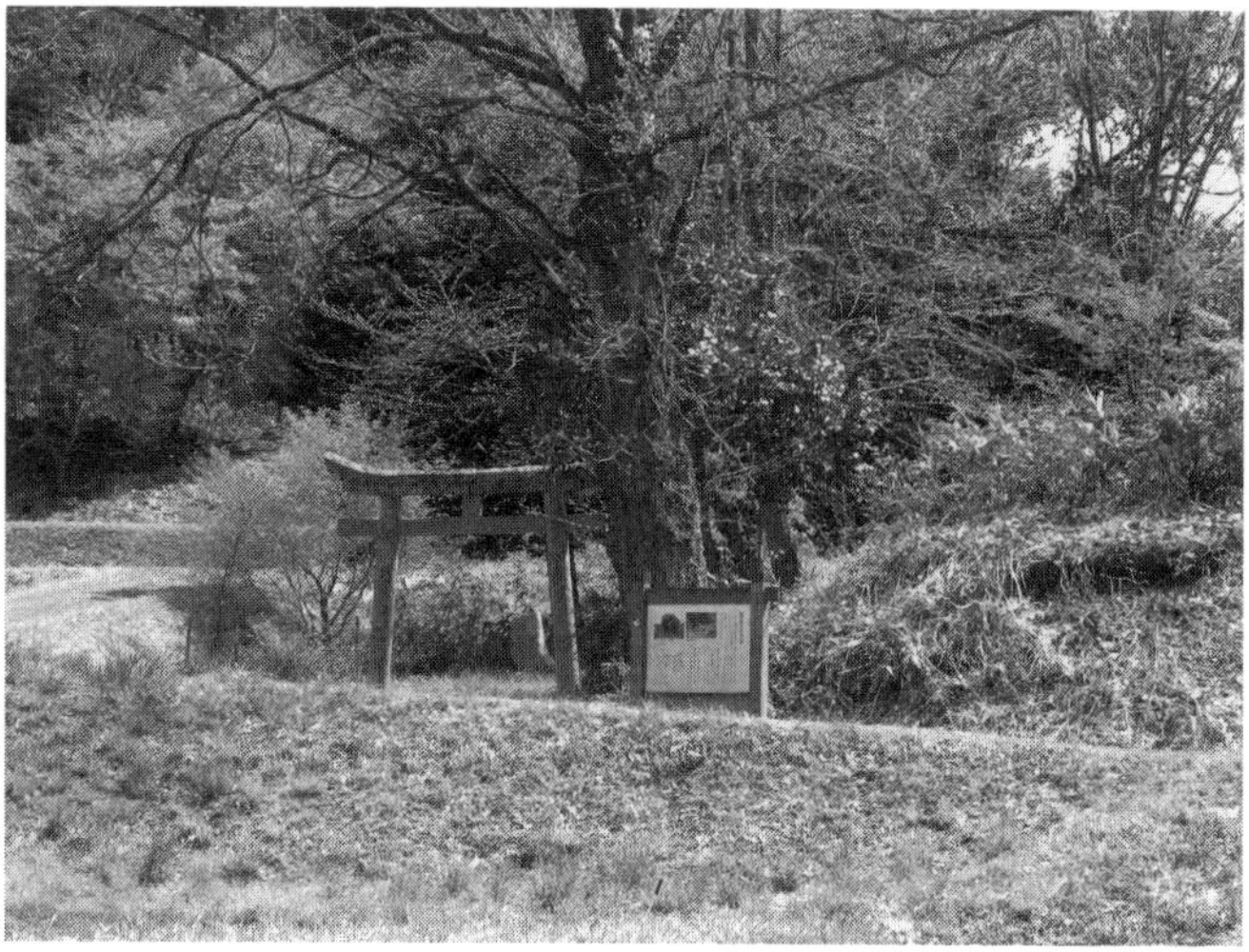

稲田神社旧社地

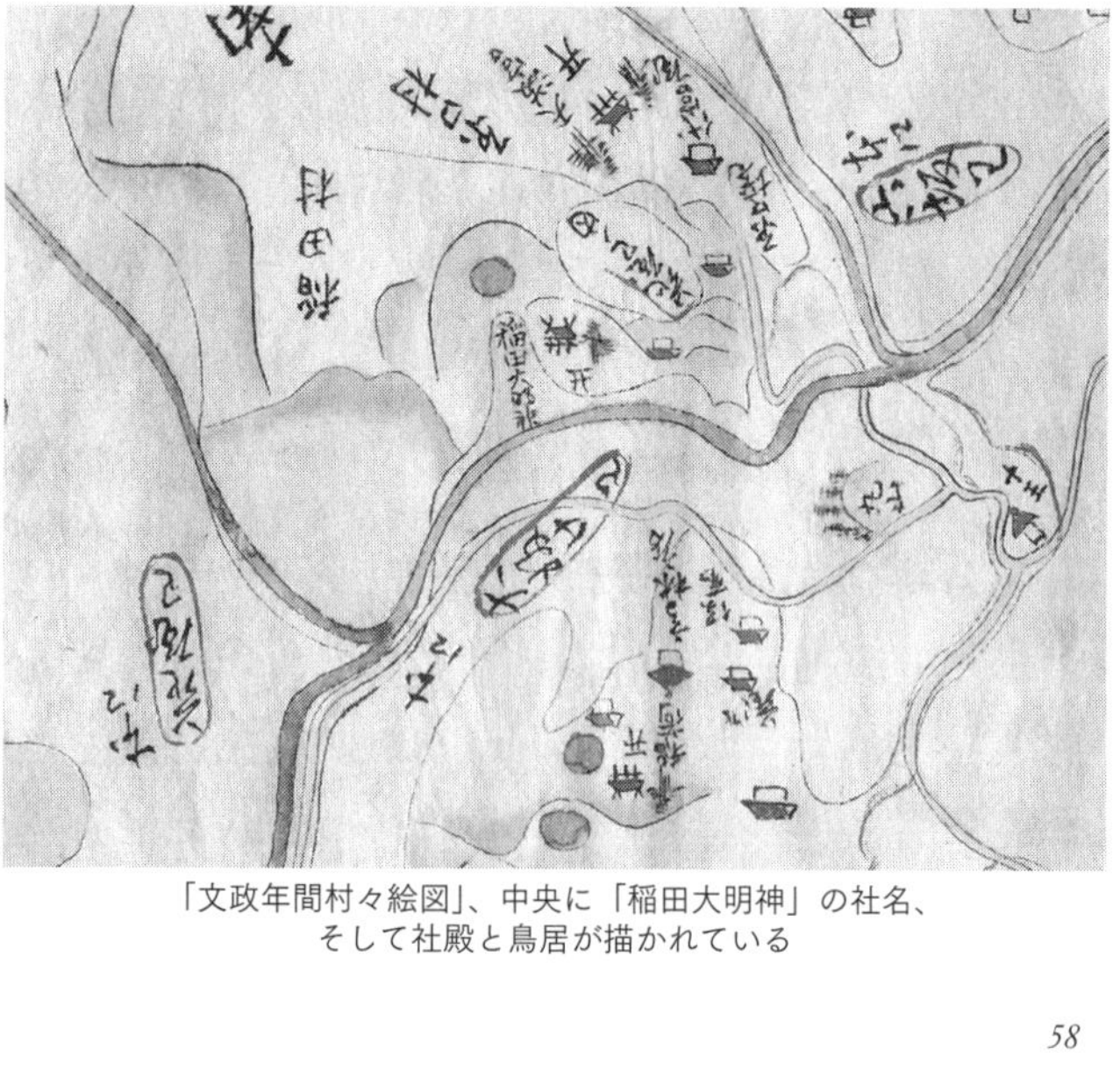

「文政年間村々絵図」、中央に「稲田大明神」の社名、
そして社殿と鳥居が描かれている

スサノヲ命の降臨地とされる鳥上、そして竹崎など旧横田町（奥出雲町の東南部）にはそのような伝承はないようである。むしろスサノヲ命伝承は奥出雲ではむしろ旧仁多町の方に顕著に広がっていることを知る。

そこは奥出雲町の佐白《さじろ》・上布勢地域である。先の『雲陽誌』をひもとくと、上布勢村には「素戔嗚尊・稲田姫・脚摩乳《あしなづち》手《て》摩乳《なづち》を祀る」八重垣神社が鎮座していた。その付近には「脚摩乳手摩乳の住たまふ跡」の長者屋敷、「八岐大蛇この池を出でたり」という大蛇池、「八岐大蛇すみたる」八頭《やと》坂《さか》が載せられている。また佐白地域には稲田姫を祀る「稲田大明神」も見えている。

現在、佐白の稲田大明神はその所在は不明であるが常に情報をいただく地元の藤原久一氏が博捜中である。上布勢の八重垣神社は佐白の伊賀武神社境内に遷されている。先の『雲陽誌』の情報は稲田姫が水鏡に姿を映したという鏡ヶ池、その直ぐ側には稲田姫が元結いの細紐を掛けたという元結掛の松、そして八重垣神社の旧跡地には石碑が立ち、さらに道なりに進むとアシナヅチ、テナヅチの屋敷跡と伝えるところもあり、神話散策には適当な世界である。

今、横田から佐白・布勢の地は神々の安住の地として整備が進んでいる。この奥出雲の地は整備が進んでいる。斐伊川を流れてきた箸を手にし、そして幸せを手に入れたスサノヲ命、わたしたちに斐伊川の清流に何を見い出すことができるのであろうか。

大町桂月が「言い消した」世界

出雲国大原郡、すでにその「大原」の地名は消え、現在は雲南市であるが、その中央を流れるのが斐伊川である。

雲南市の新たな市庁舎のある木次《きすき》町里方付近で三刀屋《みとや》川を合流するも斐伊川はさらに源流の鳥上山に向かい溯上していく。一部を除きその流路には通称東条街道、国道三一四号が沿って走る。

名湯・出雲湯村温泉の近く、ちょうど雲南市木次町と吉田町の境、国道・斐伊川沿いに天《あま》が淵《ふち》公園がある。市の観光案内には「出雲神話の中に出てくるヤマタノオロチが住んでいたとされる。また、一説には須佐之男命に「八塩折《やしおり》の酒」を飲まされ、酔いつぶれたヤマタノオロチが苦しまぎれにこの淵に逃げ込んだとも言われています。」という説明がなされている。

先に『古事記』のスサノヲ命のヤマタノヲロチ退治の神話を紹介したが、そこには説明板のような記述はみえない。

明治三十一（一八九八）年、開校された簸川《ひかわ》中学校に教員として赴任した大町桂月《おおまちけいげつ》は家族とともに出雲湯村温泉を訪れている。その際に天が淵に立ち寄り、笑止千万と評している。記紀神話にみえない地域社会のヤマタノヲロチ神話を言い消したのである。

それから百二十年余の時を経た今、なおもその天が淵は市の公園として生き続けている。雲南市の広報では「古事記に残る神話の中でも有名な〝スサノオノミコトのヤマタノオロチ退治〟。その舞台はまさに雲南市をはじめとした斐伊川流域であるといわれています」と広報し、近年の『古事記』編纂千三百年、出雲大社御遷宮で高まった神話への関心を観光に活かそうとしている。

確かにこの天が淵をはじめとして斐伊川中流の雲南市には、多くのヤマタノヲロチに関する言い伝えが広がっているのは事実である。しかし、それは歴史的に検証されていないものであり、大町桂月に「言い消された」世界でもある。桂月から百二十年経った今、神話ブームに寄り添い、何の検討もなく、スサノヲ命・ヤマタノヲロチ神話の世界として語るのは何となく後ろめたいのではなかろうか。

「雲南」神話に根を……一字が万事

斐伊川中流、雲南市域に言い伝えられているヤマタノヲロチの伝承は即に『古事記』神話には結びつかないことは歴史研究者の「常識」である。多分、その伝承地を調査する古代史の研究者はいないであろう。かつてその伝承について正面から検討を加えた研究者がいないのも事実である。果たして「常識」が歴史的なものであったかは、伝承を正面から検討することによって明らかになろう。雲南地域の神話に根を生やすことが大切である。

ここで『古事記』のスサノヲ命伝承を改めてみてみよう。スサノヲ命が天降りしたのは「出雲国の肥の河上」であった。ヤマタノヲロチの姿態は「身一つに八頭八《やかしらや》尾《を》あり、またその身には蘿《こけ》と檜榲《ひのきすぎ》と生ひ、その長さ谿《たに》八谷峡《を》八尾に度《わた》りて」というものであった。文字通りに考えるならば八尾根を伝い、八渓谷を埋め、その地域世界を覆い尽くすほどであったという。その広がりはどこまで及ぶのであろうか。

実は今、雲南地域で語られているスサノヲ命伝承は江戸時代、国学者塙保己《はなわほき》一《いち》が編纂した『群書《ぐんしょ》類従《るいじゅう》』神祇に収められた「雲州樋河上天淵記《うんしゅうひかわかみあまがふちき》」にみえる。その「天淵記」の成立は大永年間（一五二一〜二八）であり、その成立は伝承の複雑な成立過程を考えれば中世までさかのぼりそうである。

それを物語るように筆者の手元には「真清」なる人物の手になる『簸川上鳥上嵩旧跡演説《ひのかわかみとりかみだけきゅうせきえんぜつ》』、西沢一風の『素戔嗚尊大蛇退治物語』など江戸時代にまとめられた同類の資料がある。地域の神社の神官、そして古老に訪ね聞いた言い伝えをまとめたものである。かなり流行的に伝承が広がり、定着していったのであろう。古代には確認できない中世神話の世界である。

その広がりと定着を示すものに松江藩の下に編纂された『雲陽誌』がある。

今は雲南市に入る仁多郡湯村の項には「あまか淵」とみえ、「古八岐大蛇すみたる所といふ」、大原郡西日登《にしひのぼり》ではこの地で「十《と》握《つか》の剣で蛇を切」った場所とし、他にスサノヲ命を祀る国神社、日吉山王社をあげ、東日登では大森大明神、寺領《じりょう》では山王・御守大明神・布須社・御室山・八頭坂、上佐世・下佐世では白神《しらかみ》明神・仮山《かりやま》八幡宮、日伊郷里方では宮崎大明神・八本杉、大原郡斐伊川最下流にあたる神原では矢口大明神、そして三代《みしろ》では日吉山王・尾留《おどめ》大明神をあげ、スサノヲ命の活躍、ヤマタノヲロチの動向を伝えている。これらは地域の言い伝えでもあるが、『雲陽誌』に載せられたということは松江藩のいわば公認伝承ということになろう。

ただしその伝承は斐伊川上流の仁多郡、そして中流の大原郡に限られ、斐伊川下流域になる神門・出雲郡に及ぶことはない。

斐伊川上流域は『古事記』『日本書紀』の神話、中流域は中世神話、下流域にはないという地域現象は大変重要であり、今まで見過ごされてきたのが不思議である。

史料に凝縮されている歴史、史料の一字一句が語る歴史、まさに「一字」が万事である。ここで改めて『古事記』に戻る。

一、避追《やら》はえて、出雲国の肥の河上、名を鳥髪《とりかみ》といふ地に降りたまひき。

二、ここに速須佐之男命、その御佩《は》せる十拳剣《とつかつるぎ》を抜きて、その蛇を切り散りたまひしかば、肥河血に変りて流れき。その中の尾を切りたまひし時、御刀の刄《は》毀《か》けき。

ここに先に示したスサノヲ命のヤマタノヲロチ退治神話の中から二ヵ所を再掲した。一はスサノヲ命が降臨した場所、二はスサノヲ命がヤマタノヲロチを退治した場所を示した箇所である。その場所とは一が「肥の河上」、二が「肥河」である。ともに注目してきた現・斐伊川にこだわる場所表記である。『古事記』は何故、「肥の河上」、「肥河」と書き分けたのであろうか。

斐伊川は古代においては「出雲大川」とも呼ばれた出雲最大、最長の大河であった。古代出雲の地誌、『出雲国風土記』はこの大河について次のように説明をしている。少し長いが文に添い、古代の斐伊川の流れを想いながら読みたい。

『出雲国風土記』出雲郡条

出雲大川　源は伯耆と出雲の二国の鳥上山より出て、流れて仁多郡の横田村に出て、即ち横田・三處《みところ》・三澤・布勢等の四郷を経て、大原郡の堺の引沼《ひきぬ》村に出で、即ち来次《きすき》・斐伊・屋代・神原《かむはら》等の四つの郷を経て、出雲郡の堺なる多義《たけ》村に出て、河内・出雲の二郷を経て、北に流れ、更に折れて西に流れて、即ち伊努《いぬ》・杵築《きづき》の二郷を経て、神門《かむど》の水海《みづうみ》に入る。此は則ち、謂はゆる斐伊川の下なり。河の両辺は、或は土地豊沃《こ》えて、五穀・桑・麻稔りて枝を頗《かたぶ》け、百姓《おほみたから》の膏腴《ゆたか》なる薗なり。或は土體《つち》豊沃《こ》えて、草木叢《む》れ生ふなり。即ち年魚《あゆ》・鮭・麻須・伊具比・魴《なよし》・鱧《はむ》等の類、潭端《ふちせ》に雙《なら》び泳ぐ。河口より河の上の横田村に至る間の五郡の百姓は、河に便《よ》りて居めり。（出雲・神門・飯石《いひし》・仁多・大原郡）孟春《むつき》より起《はじ》めて季春《やよい》に至るまで、材木《くれき》を校《あざな》へる船、河中を沿《のぼ》り泝《くだ》れり。

『出雲国風土記』は河川に関して細心の注意を払っているように思える。実に小河川も含めて四十八の河川を紹介している。川の源流、流路の方角、そして合流点、流入の海・湖、時には魚、そして流路周辺の風景まで触れる場合もある。その中で最も詳細なのが出雲大川である。『出雲国風土記』は『古事記』の「肥川」を「斐伊・川」と二文字で表わす。

一五〇キロに及ぶ流路を上流から下流までみごとに説明しているといえよう。「出雲大川」は上流から肥沃な土砂を運び、川の両側の土地は「五穀・桑・麻」の栽培の適地とし、人びとの集落も形成されていることがうかがえる。その記述で注目したいのは「伊努・杵築の二郷を経て、神門の水海に入る。此は則ち、謂はゆる斐伊川の下」の「斐伊川の下」という表現である。すなわち、「肥の河上」に対する「斐伊川の下」、川上・川下である。

そこで『出雲国風土記』の河川記事を通覧すると斐伊川上流の仁多郡の諸河川、横田川・室原川・灰火《はいひ》小川・阿伊川・阿位川・湯野小川が斐伊川に合流する際は「斐伊河の上に入る」とし、斐伊川中流の大原郡では幡屋《はたや》小川・屋代小川ともに「斐伊（出雲）の大河」に入るとして「上」の表記が付されていないことに気づく。

長大な「出雲大川」に関して、『出雲国風土記』、ひいては古代出雲びとは仁多郡域を上流、大原郡域を中流、神門・出雲郡域を下流という意識を有し、そのように表現したのであろう。実は現在、国土交通省中国地方整備局も河床勾配から横田から木次を上流部、木次から上島《うえしま》を中流部、上島より宍道湖流入までを下流域としており、上流部、中流部、下流部という区分で治水対策を展開している。

ここで確認しておきたいのは古代において斐伊川流路三分表記が一般化されているなかで、ヤマタノヲロチが退治された場所に関しては「肥河血に変りて流れき」としている点である。それは上・下が付されない「肥河」であり、斐伊川中流域にあたり、大原郡を流れる「肥河」がヤマタノヲロチの血で真っ赤な流れになったということなのであろう。

雲南市域のヤマタノヲロチ伝承は自信がなさそうな地元の言い伝えという次元、または学問的には中世に形成された神話とする理解でとどまっているが、『古事記』は「上」という一文字を付さないことにより、雲南市域に広がるヤマタノヲロチ神話の土壌が古代にさかのぼることを語っていたのである。まさに「一」字が万事である。

勝利の舞……佐世郷

しばしば『出雲国風土記』にはスサノヲ命のヤマタノヲロチ退治神話はみえないという説明がなされている。そしてそれが謎とされている。

歴史と謎、「謎」とは字のごとく言葉の迷いである。手順を追えばその「謎」世界を「さ迷い」ながら背後にひそんだ歴史にたどりつくこともあることを示唆した「なぞ」の言葉かも知れない。

まず『出雲国風土記』は地誌であり、物語としての神話を語ることを目的にしていないことを認識すべきであろう。その地誌としての『出雲国風土記』編纂の大きな目的は地名の起源を説くことにあった。結果として『出雲国風土記』においては地名に体現される地域に限定された個別断片神話となり、スサノヲ命のヤマタノヲロチ退治の神話もそのストーリーは分断され、『古事記』的ストーリーはなくなり、研究者もそこに神話の残照を見ることが出来なかったのである。

「『出雲国風土記』にはスサノヲ命のヤマタノヲロチ退治神話はみえない」という『出雲国風土記』の謎は読み手側に問題があったのではなかろうか。それは研究の机上性の故、『古事記』『日本書紀』と『出雲国風土記』の史的性格、叙述目的の相違に今一歩、探求の歩みをのばすことができなかったからであった。

大原郡（雲南市）世界は中世神話で飾られているが、『古事記』は大原郡には無口である。しかし、その大原郡には嬉しいことにスサノヲ命は姿をみるのであった。

『出雲国風土記』大原郡佐世《させ》郷の伝承を紹介する。

佐世郷　郡家の正東九里二百歩なり。古老の伝へていへらく、須佐能袁命《すさのをのみこと》、佐世の木の葉を頭刺して、踊躍《をど》らしし時、刺される佐世の木の葉、地に堕ちき。故、佐世といふ。

この「佐世郷」の伝承は今も息づくように生きている。その佐世郷の地、そして「佐世」の名は、今、雲南市大東町に上佐世・下佐世に継承されている。スサノヲ命を祀《まつ》る佐世神社は下佐世の佐世小学校の東、白神山の森叢の中に鎮座している。中世、地元の佐世氏の信仰を受けて、八幡宮として性格を強めたのであろうか、本殿は八幡造《はちまんづくり》である。

木々に覆われた境内の中にとりわけ大きな御神木が聳え、枝を広げる。「佐世の森」である。『出雲国風土記』の伝承、「佐世の木の葉、地に堕ちき」、地元ではその葉が成長したと言い伝えられている。

白神山の麓、佐世小学校の校歌には「神の残ししいさおし」とみえる。作詩は栗間久によるものであるが、当然、その神とはスサノヲ命を念頭においたのであろう。「いさお(を)」とは「功・勲」である。

その「いさお」は学校の教えの中に「堕ちたとて、佐世ばよい。佐世ばやがて根も出る、葉も繁る。古代、佐世の

佐世神社境内の佐世の森

人々に大きな希望と感動を呼び起こさせられた、『佐世』のことばは、そのまま私達の郷（さと）の地名となり、心ともなっていつまでも伝えられる。強く、明るく、やさしく生きよ。そして栄えるのだと」（ホームページ）と活かされている。

地元に浸透し、地域の人びとの生活に溶け込んだ佐世郷の伝承であるが、スサノヲ命の「踊躍《ようやく》」に関して『出雲国風土記』研究の加藤義成氏は、その著『出雲国風土記参究』の中で、「踊躍は一種の鎮魂の舞踏であろう。須佐之男命が踊りをされたという伝えがあったことは、この神の伝承にほほえましい幅を加えるものであるとともに、当時、一種の神舞《かみまい》のあったことを想像させるものである」として、スサノヲ命の舞を一般化して「神舞」であるとする。

残念ながらそこには神話を言い伝えてきた佐世の人びとの生活は見出せず、スサノヲ命は佐世の地から離れ、「いさを」のこころも見出すことができない。

佐世神社の入口に由緒を刻んだ「佐世神社祭神及由緒《ゆいしょ》」の石碑が建てられている。

延喜《えんぎ》式神名帳《しきじんみょうちょう》並ニ風土記所載ノ神社ニシテ上佐世下佐世両村ノ産土神《うぶすなかみ》トシテ明治四年郷社ニ列セラル。須佐《すさ》能袁命《のをのみこと》八岐大蛇ヲ退治シテ後、欣喜ノ余リ稲田姫ト神舞ヲナサレタ時、頭ニ刺シテイタ佐世ノ木ノ葉ガ落チタ。命ハ地ニサセト申サレ刺シタ木ガ今ノ佐世ノ社ナリ、故ニ此ノ地ヲ佐世ト云フ。後、出雲八所八幡《はっしょはちまん》ノ一社、佐世八幡ヲ合祀シ崇敬サレテイル神社デアル。

この由緒はスサノヲ命の「踊躍」を一般化することなく、「神舞」の場について言及している。そこに「八岐大蛇ヲ退治シテ後、欣喜ノ余リ稲田姫ト神舞ヲナサレタ時」とあるようにヤマタノヲロチを退治した歓喜の舞、すなわち『古事記』の神話の流れで理解していることがうかがえる。地元では『出雲国風土記』にスサノヲ命のヤマタノヲロチ退治神話を見出していたのである。

言ってみれば研究者が見出せなかった『出雲国風土記』のヤマタノヲロチ神話に出雲の地元の方は生活の中で寄り添っていたのである。

佐世神社由緒石碑

その理解が正しいのはスサノヲ命が「踊躍」する際に「佐世の木の葉を頭刺して」いたことからもうなずけるであろう。『古事記』によれば、スサノヲ命はヤマタノヲロチと対峙する前に稲田姫を神聖な櫛に変容し、その櫛を自身の「美豆良《みづら》」に刺したという。櫛は神々が降臨する「奇《く》し」ものであり、神木、そして御柱、また依りつく斎串《いぐし》と同質であり、形としてその最小の「奇す」ものであった。古代、「美豆良《みづら》」に物を挿す行為、それは櫛だけではなく花や小枝、草などを頭に挿す「か

ざし（挿頭）」として知られていた。今の髪飾りの原形であるが、古代においては神を、魂を招き入れる呪術的な行いであった。

『万葉集』巻十（一九七四）の歌、「春日野の　藤は散りにて　何もかも　み狩りの人の　折りてかざさむ」は、春日野の藤は散ってしまった、狩りの人は何の花を折って髪に「かざす」のだろうかと、狩り人の幸に想いを馳せたのであろう。神代の英雄がスサノヲ命であるならば人の世の英雄はヤマトタケルである。

『古事記』によれば、父の景行天皇の命令で東国を平定したヤマトタケルは「倭《やまと》」に帰還中、「伊《い》服岐能山《ぶきのやま》」（伊吹山）で山神の化身である白猪に苦しまされ、伊勢国の能褒野《のぼの》において命を失う。その死に臨んだ時の歌、「国思《しの》び歌」でヤマトタケルは、

倭《やまと》は　国のまほろば　たたなづく　青垣　山隠《ごも》れる　倭しうるはし　命の全《また》けむ人は　畳薦《たたみこも》
平群《へぐり》の山の　熊白檮《くまかし》が葉を　髻華《うず》に挿《さ》せ　その子

と詠うのであった。

山神の白猪との激しい戦い、そして病との闘い、その時、人びとに、「命の全けむ人」、生命の満ち満ちた人は、「熊白檮」、大きな樫の葉を、「髻華」、髪に挿して、生きなさいとの教えであった。

頭に櫛を、藤の花を、そして熊白檮の葉を挿すことは神霊を身に着けることだった。スサノヲ命が佐世の地で「佐世の木の葉」を頭に挿し、葉が落ちるほど「踊躍」したのはヤマタノヲロチを退治した歓び、そして感謝の気持ちの高揚であったと思われる。

「須賀社」の流転

「肥川」、すなわち斐伊川中流の地でヤマタノヲロチを退治したスサノヲ命は佐世の地にて勝利の舞を納め、そして稲田姫と生活する宮を造ったという。

そのことについて『古事記』は（再掲）、

故これをもちてその速須佐之男命、宮造作るべき地を出雲国に求《ま》ぎたまひき。この須賀の地に到り坐《ま》して「吾この地に来て、我が御心須賀須賀《すがすが》し」と詔《の》りたまひて、その地に宮を作りて坐しき。故、その地をば今に須賀と云ふ。この大神、初めて須賀の宮を作りたまひし時、その地より雲立ち騰《のぼ》りき。ここに御歌を作《よ》みたまひき。

その歌は、

八雲立つ　出雲八重垣　妻籠《つまご》みに　八重垣作る　その八重垣を

ここにその足名椎神を喚びて、「汝は、我が宮の首任《おびとた》れ。」と告言《の》りたまひ、また名を負せて、稲田宮主須賀之八耳神と号《なづ》けたまひき。故、その櫛名田比売を以て、久美度邇《くみどに》起して、生《う》める神の名は八嶋士奴美《やしまじぬみ》神と謂う。

『古事記』によればスサノヲ命・稲田姫の宮の場所は「その地に宮を作りて坐しき。故、その地をば今に須賀と云ふ」とあるように明確である。現に雲南市大東町の須賀の地に『出雲国風土記』にみえる須賀神社が鎮座している。須賀神社によればスサノヲ命がヤマタノヲロチを退治したのちに、クシイナダヒメと暮らすために築いたとされる「日本初《はつ》の宮殿」であり、そして「八雲立つ　出雲八重垣　妻籠《つまご》みに　八重垣作る　その八重垣を」の歌に象徴されるように和歌発祥の地でもあるという。

ただ大変気になることがある。

須賀神社、右手前が歌碑

周知のとおり『出雲国風土記』は郡ごとに後の「式内社」、すなわち都の神祇官に登録された「在神祇官社」と、登録されず出雲国の国庁に管理された「不在神祇官社」の社名が載せられている。基本的にその記載順は社格順とされている。改めて『出雲国風土記』をめくると、須賀神社、すなわち風土記の「須賀社」は大原郡の社名記載においては「不在神祇社」に位置づけられ、それも十六の不在神祇官社の中でも十三番目に姿をみせているという不思議さである。

出雲を代表する神、スサノヲ命を祀る「須賀宮」が大原郡全二十九社の中で二十六番目という位置づけである。この点に関して今まで注目もされず、説明もなされていないようである。

『出雲国風土記』大原郡条には『古事記』にみた「その地に宮を作りて坐しき。故、その地をば今に須賀と云ふ」の須賀「郷」はみえない。そこで関係すると思われる箇所を示すと次の四ヵ所となる。

一、須我社

二、須我山　郡家の東北のかた一十九里一百八十歩なり。檜・椙《すぎ》あり。

三、御室山　郡家の東北のかた一十九里一百八十歩なり。神須佐乃乎命、御室を造らしめ給ひて、宿らせたまひき。故、御室といふ。

四、須我小川　源は須我山より出でて西に流る。年魚《あゆ》少少《すこ》しくあり。

確かに『古事記』の「須賀」に相当しそうな「須我」山、「須我」小川の名前がみえる。しかし、その「須我」にスサノヲ命に関する伝承はみえない。この須我山から須我小川が流れる谷に須我社が鎮座する地域空間が想定されるが、そこは当時の行政表記では大原郡海潮《うしほ》郷であった。先の「須我山」の所在地、「郡家の東北のかた一十九里一百八十歩」を念頭に置き、『出雲国風土記』大原郡条の次の伝承世界に目を向けてみたい。

海潮郷　郡家の正東十六里三十六歩　古老伝へ云へらく、宇能治比古命《うのぢひこのみこと》、御祖《みおや》・須義禰命《すがねのみこと》を恨みて、北の方、出雲の海の潮を押し上げて、御祖の神を漂はすに、この海潮至りき。故、得潮《うしほ》という。神亀三年、字を海潮と改む。即ち、東北の方、須我小川の湯淵の村の川中に温泉あり。号を用いず。

[概略]「海潮（うしお）」の郷は大原郡家の丁度真東に当たる。古老が云うには「宇能治比古命」という神が父親を恨み、北方の出雲の海水を押し上げて父の「須義禰命」を海潮まで漂わせたという。

この古老伝承を受け、須我川の流れの方向、そして須我山への距離を念頭に置くと、海潮郷の最東北部に須我山は位置していたことがわかる。ここで注目したいのは、「須我山」の地に「須義禰命」の伝承があるという事実である。

加藤義成氏は「須義禰命」に言及し、「須義禰命（すがねのみこと）は須我小川のある部落、須我の地主神」であろうとする。「我」の読みは「が」で「義」も部首の脚の部分に「我」が据えられており、「が」と読める。「須我（すが）」「須義（すが）」であるならば、「須我社」の「須我」も本来は「須義禰命（すがねのみこと）」にかかわる神社であったことになろう。『出雲国風土記』において「須我社」の位置づけが低いのは祭神がスサノヲ命ではなく、「須義禰命」という地域神という事情があったのである。

その「須我社」であるが、江戸時代初期の岸崎時照《きしざきときてる》の『出雲風土記抄』には「海潮郷須我里に今俗に諏訪大明神」とみえる。また江戸中期の『雲陽誌』大原郡諏訪村の項をみると、

須我社　風土記に載る社なり、素戔嗚尊・稲田姫をまつる。神職伝へて云仁多郡佐白《さじろ》村と大原郡久野村の境八頭坂《やとざか》にて須佐能男尊、八岐の大蛇を斬たまひ、遂に此須我の里にいたり、吾心清々之《わがこころすがすがし》と曰、彼処に宮を建て、伊奈多比売とすなはち遘合《まぐあいし》而、清之湯山主命《すがのゆやまぬしのみこと》を生たまふ所なり、其後、意宇郡佐草村に遷《うつり》たてまつり八重垣の神社と申なり、是稲田姫をまつる素戔嗚の鎮跡飯石郡須佐の大宮なり、天正年中此の地回禄《かいろく》せり、故に社なし。須我の神宝錦の戸帳、今わずかに残り諏訪明神の社内に納といふ。

諏訪明神　本社拝殿鳥居天正三年、牛尾豊前守家寿、同大蔵左衛門春信建立の棟札あり、抑《そもそも》此の神は信濃国諏訪社より勧請《かんじょう》す。それより須我の里をあらためて諏訪村と号せり、六十間の馬場

に恵美寿《えびす》石とて三尺余の石に注進《しめ》を曳きたるあり由来しれず。正月十七日百手《ももて》の的《まと》田植の神事、七月二十七日、得塩十二ヶ村の土人郡参して大祭なり。

とあり、諏訪村、すなわち旧須我里には須我社、諏訪明神の二社がみえている。

加藤義成氏は『出雲風土記抄』『雲陽誌』の見解を受けて、その著『出雲国風土記参究』において次のようにまとめる。

『風土記鈔』に「海潮郷須賀里に今俗に諏訪大明神と曰ふ」と見えるが、『雲陽誌』には「須我社」があり、諏訪大明神とは別社となっている。今の大東町須我に鎮座の須我神社で、須佐之男命・稲田比売・清湯山主三名狭漏彦八島野命《すがのゆやまぬしみなさろひこやしまのみこと》・武御名方命を祀る。

現在、須賀の集落に鎮座しているのは須賀神社であるが、実は明治二十二年までは諏訪大明神と呼ばれていた。確かに加藤氏の指摘の如く『雲陽誌』には須我社・諏訪明神の二社がみえるが、その時点で須我社はすでになく、その「神魂《かみたま》」は佐草村に遷され八重垣神社となり、残された社殿も天正年中に「回禄《かいろく》」（火災）し、その跡形（故に社なし）もない状態であったことがわかる。現在の須賀神社は『雲陽誌』にみえる「諏訪神社」の系譜を引いていることになろう。

ほとんど知られていないが、須賀神社の街中の参道を鳥居からわずかに進むと、右手に恵比寿石《えびす》という注連《しめ》を掛けた巨石が祀られている。すでに享保年間の『雲陽誌』において「由来しれず」とあるが、御神幸の際の神座《しんざ》であると言われている。

かつて七月二十七日に催された大祭では御神幸の「須我神社の大神」と「海潮神社の大神」の神輿神幸の行列の中には宇能治比古命が海潮で父須義禰命を追いやったことを象徴する「塩水」を担う者があり、その神幸はあたかも大波が打ち寄せる観があったという。『出雲国風土記』の海潮郷伝承の「出雲の海の潮を押し上げ」を髣髴とさせる祭りであった。

はじめての「御室山」

「須我社」が「須義禰命」にかかわる神社であるならば、ここで目を注ぎたいのが『出雲国風土記』大原郡の「御室《みむろ》

須賀神社の恵比寿石

山《やま》」である。

御室山　郡家の東北のかた一十九里一百八十歩なり。神須佐乃乎命、御室を造らしめ給ひて、宿らせたまひき。故、御室といふ。

『古事記』によればスサノヲ命は「須賀の地に到り坐《ま》して、『吾この地に来て、我が御心須賀須賀《すがすが》し』と詔《の》りたまひて、その地に宮を作りて坐しき。故、その地をば今に須賀と云ふ。この大神、初めて須賀の宮を作りたまひし」とある。この「須賀の宮」が『出雲国風土記』にみえる「御室山」の「御室」である可能性があろう。

この記事は流れからして『古事記』の伝承と融合するのであろう。『古事記』はスサノヲ命と稲田姫の新居について次のように語っている。

故これをもちてその速須佐之男命、宮造作《つく》るべき地を出雲国に求《ま》ぎたまひき。この須賀の地に到り坐して「吾この地に来て、我が御心須賀須賀《すがすが》し」と詔《の》りたまひて、その地に宮を作りて坐しき。故、その地をば今に須賀と云ふ。この大神、初めて須賀の宮を作りたまひし時、その地より雲立ち騰《のぼ》りき。ここに御歌を作みたまひき。

その歌は、

八雲立つ　出雲八重垣　妻籠《つまご》みに　八重垣作る　その八重垣を

この「須賀」の地を一般に『出雲国風土記』の「須我」と理解し、現に須賀神社はスサノヲ命と稲田姫信仰の拠点としての地位を確立し、和歌発祥の地として知られている。

しかし、「須我」にはスサノヲ命にかかわる『出雲国風土記』の伝承を見出すことはできなかった。そこで注目されるのが「御室山」である。『古事記』が語る「須賀」の地に「初めて須賀の宮」を作ったとの伝承は「神須佐乃乎命、御室を造らしめ給ひて、宿らせたまひき」に重なると考えられよう。

「御室山」の所在地であるが、大原郡家からの方角、距離とも「須我山」、そして「船岡山」と全く同じであり、何方かに誤写があると考えられる。この三つの山で今、その所在が不明なのは「御室山」である。その距離の正値を知ることはできないが、「須我山」が「須我小川」の源流であり、今の八雲山にあたり、「船岡山」が船林神社の鎮座する山とすれば、「御室山」は順番からしてさらに下流域の山となる。

岸崎時照の『出雲風土記抄』は「海潮郷飛石村のある山の名」とし、横山永福の『出雲風土記考』は「飛石村にありてさかし高からぬ山なり。この山は里人もよく知れる山にて往来よりみゆ」とする。後藤蔵四郎は『出雲国風土記註解』にて「牛尾（海潮）温泉から東へ三町ばかりにある室山。その麓にて室谷川が海潮川に会する」とし具体的に室山の所在地を示す。加藤義成は『風土記抄』の見解に依りつつ「海潮温泉の東方の室山（標高二七〇米余）」ともするが、後藤が注目した「室谷川」の源流に目を向け、標高四七〇メートルの山を「御室山」と推奨する。

海潮地域の風土記社「日原社《ひはら》」、現・雲南市大東町中湯石《なかゆいし》鎮座の日原神社の元宮司佐々木茂福氏の『海潮温泉の今昔』（平成二十六年）に掲載の「明治〜大正の頃の海潮温泉街」地図によると、温泉街の東端、現在の公民館付近に字「室屋敷」がみえており、そこに「御室」の山名の残像を見出すことが出来る。明治十年頃の『皇国地誌』に眼を向けると、明確に「御室山」の名をあげ、「御室山（風土記所載）高さ拾五丈、周囲九町、村の南方に孤立す。樹木翁鬱《おううつ》、登路一条、峠より上がる高壹町三拾間」とする。

これによれば「御室山」の高さは「拾五丈」であり、五〇メートル程度の「孤立」峰であった。確かに『皇国地誌』の記述どおり海潮温泉の公民館脇の道に入り、小路を登ると直ぐに「峠」となり、そこから左手「樹木翁鬱」の中をまさに「登路一条」の急坂路が山の上を一直線に目指す。

頂上は狭いが祭祀空間としての雰囲気を醸し、磐座《いわくら》と社日《しゃにち》さんが静かに鎮まっている。大小の磐座がスサノヲ命・稲田姫なのであろうか。その山は横山永福が言う通り「里人もよく知れる山にて往来よりみゆ」山であった。この小丘こそ『出雲国風土記』の「御室山」、『古事記』にいう「須賀の宮」だったのであろう。

スサノヲ命・稲田姫の「須賀の世界」は須賀川を神の道としながら現・須賀神社を中心に北の八重山、そして西の海潮地域、「御室山」付近までを含んでいたと見るべきであろう。また松江市・雲南市を結ぶ忌部《いんべ》街道、その堺となる才の峠、実はその峠を越えた松江市佐草町に鎮座する八重垣神社の信仰空間も江戸時代の『雲陽誌』の語りによれば「須賀の世界」という。古代の世界で湧出した神話、それを語り続けた江戸時代、その間に「須賀の世界」は揺れ動くが、その揺れを心地よく受け止め、スサノヲ命・稲田姫の世界を訪ねるのも新たな旅であろう。

稲田姫の出産

記紀・風土記を超えた原日本神話ではスサノヲ命はヤマタノヲロチを退治し、佐世郷で勝利の舞を踊り、御室山の新居で稲田姫と新婚生活を送るという流れとなる。整理し

大原郡御室山の神座

てみよう。

一、スサノヲ命の「鳥髪」への降臨（記紀）
二、スサノヲ命とアシナヅチ・テナヅチ・稲田姫との出会い（記紀）
三、スサノヲ命の八岐大蛇退治（記紀）
四、スサノヲ命の大蛇退治の祝勝の舞（『出雲国風土記』大原郡佐世郷）
五、須賀宮の建造（記紀）、御室の建造（『出雲国風土記』大原郡御室山）

その五はスサノヲ命と稲田姫の新婚生活の場であったことは「八雲立つ　出雲　八重垣　妻籠みに　八重垣作る　その八重垣を」の歌で理解できよう。また稲田姫は妊娠し、子神を出産したという流れである。スサノヲ命・稲田姫の子神の誕生に関しては「久美度邇起して、生める神の名は八嶋士奴美神と謂う」で終わっており関心度の低さを感じる。

その点について『出雲国風土記』は詳細に触れている。そこは大原郡ではなく斐伊川を渡った、西の飯石郡の地である。ここで飯石郡熊谷《くまたに》郷条を紹介する。そこには稲田姫らしき女神が姿を現す。

熊谷郷　郡家の東北のかた廿六里なり。古老の伝へていへらく、久志伊那太美等與麻奴良比売命《くしいなだみとよまぬらひめのみこと》、任身《はら》みて産みまさむとする時、生む処を求《ま》ぎたまひき。その時に、此処に到来《いた》りまして、詔りたまひき。甚《いた》く久麻久麻《くまくま》しき谷あり。故、熊谷といふ。

［概略］古老の伝では、この熊谷の地は稲田姫（久志伊那太美等與麻奴良比売命）が妊娠して、良い環境の産む場所を求めてこの地にきて、「大変、奥まったところ」と誉めた場所という。

妊娠した「久志伊奈太美等與麻奴良比売命」が出産場所として相応しい場所を求めて巡行し、理想的な「久麻久麻しき谷」に至ったという。そのまがりくねった奥まった場所、その地が熊谷郷であった。

この「久志伊奈太美等與麻奴良比売命」という「比売（姫）」神はその長い神名の中に「久志伊奈太（くしいなだ）」という名称を含んでおり、『古事記』の「櫛名田比売」、『日本書紀』の「奇稲田姫」と同一神であることが判明する。

さてこの地で稲田姫が生んだスサノヲ命の子神とは如何なる神なのであろうか。

「熊谷」の語源となった「久麻久麻しき谷」は当該地で斐伊川が九十度近く湾曲することの形容と思われるが、その湾曲の要の地に鎮座しているのが『出雲国風土記』飯石郡在神祇官社の「河辺社《かわべ》」である。『出雲国風土記』飯石郡ではスサノヲ命を祀る「須佐社」に次ぐ位置の神社である。

その「河辺社」の系譜を引く現・河辺神社の祭神は当然、「久志伊奈太美等與麻奴良比売命」であるが、もう一神「清之《すがの》湯《ゆ》山主《やまぬし》三《み》名《な》狭《さ》漏《ろ》彦八島篠命《ひこやしましぬみこと》」が奉斎されている。

この「清之湯山主三名狭漏彦八島篠命」は『出雲国風土記』にはみえない神であるが、『古事記』

『日本書紀』にみえる神で、スサノヲ命と稲田姫の御子神として位置づけられている。熊谷郷伝承にみえる出産を想定すれば自から祭神として浮上してきた神であろう。

神名で注目したいのは最初に冠せられた「清」である。「清」の「スガ」を「須我」とすれば、「湯山」は大原郡海潮郷条にみえる「須我小川の湯淵の村の川中に温泉あり。号を用ひず。同じき川の上の毛間《けま》村の川中にも温泉出づ。号を用ひず」にかかわる可能性があろう。それは海潮温泉より須賀川の上流、北村に「湯入谷」という字が確認できるのでその付近であろう。同地には雪が降っても積もらないところがあると伝えている。

『出雲国風土記』の神話では大原郡御室山の「御室」で妊娠し、そして出産場所を求めて飯石郡へと向かい、そこに環境の良い出産場所を見出したという流れを見出すことができる。

その河辺神社から斐伊川沿いに下ると左手の川岸に雲南市が建てた案内板「くまがいさん（産井戸の跡）」がある。今は河川改修工事などで原形を失っているが、井だけは残されている。稲田姫が出産の際に汲んだ産井との言い伝えもあるという。

古代における出産、そして産屋は神話の中でも興味深く語られている。『古事記』神代では豊玉《とよたま》毘売命《ひめのみこと》が神子・鵜葺草不合命《うがやふきあえずのみこと》を産む際に「海辺のなぎさに、鵜の羽を葺屋にして、産屋を造りき」とあるように人目が届かない海岸に産屋を建て、さらに「妾《われ》、今、本の身を以ちて産まんとす。願はくは、妾をな見たまひそ」と出産の最中を覗くなと念を押していることに注目したい。

『日本書紀』神代下第九段では、「鹿葦津姫《かしつひめ》、忿《いか》り恨みて、無戸室《うつむろ》を作りて、その内に入りて誓ひて曰く、『妾が妊める所、若し天神の胤《みこ》に非《あら》ずば必ず亡びなん。是若し天神の胤ならば害《そこな》う所無けん』。則ち火を放ち室を焚く」とあり、産屋を入口・出口がない「無戸室（うつむろ）」と呼んでおり、出産が秘なる、聖なる行為であったことがわかる。

『出雲国風土記』島根郡条でも「加賀《かか》郷　郡家の西北のかた廿四里一百六十歩なり。佐太大神の生れまししところなり。御祖《みおや》の神魂命《かんむすびのみこと》の御子、支佐加比売命《きさかひめのみこと》、『闇《くら》き岩屋なるかも』と詔りたまひて、金弓もちて射給ふ時に、光《ひかり》加《か》加明《かや》きき。故、加加といふ。神亀三年、字を加賀と改む。」とあり、「闇き岩屋」を産む所、産室としていることがわかる。

稲田姫の言葉、「甚く久麻久麻しき谷」には、古代におけるそのような出産場所、環境の良い産屋を言い表しているのであろう。確かに斐伊川は熊谷の地で大きくU字形に「久麻久麻」、すなわち「隅隅（くまくま）」しく大きく湾曲しているのである。今、われわれはその湾曲した斐伊川の右岸を国道三一五号で通り過ぎて行く。

御室山から熊谷郷へは稲田姫の一人旅、出産への旅であった。

スサノヲ命のひとり旅

『出雲国風土記』の世界の中でスサノヲ命と稲田姫が同行巡行しているのは大原郡の御室山新婚生

活までで、稲田姫は出産の場所を求めて一人、飯石郡熊谷郷へと旅立った。神話の女神たちは稲田姫に限らずひとり旅を好んだようである。その結果であろうか、スサノヲ命もひとり旅を余儀なくされたのであった。

古代、飯石郡には「すさのを」の名にちなむ「須佐郷」があった。『出雲国風土記』は次のように語る。

須佐郷　郡家の正西一十九里なり。神《かむ》須《す》佐《さ》能《の》袁《を》命《みこと》詔《の》りたまひしく、「此の国は小さき国となれども国処《くにどころ》なり。故、我が御名は、木石に著けじ」と詔りたまひて、即ち己が命の御魂《みたま》を鎮め置き給ひき。然して即ち、大須佐田・小須佐田を定め給ひき。故、須佐と云ふ。即ち正倉有り。

その「神須佐能袁命」を祀ったと思われる須佐神社は『出雲国風土記』飯石郡条にみえる在神祇官社の筆頭社として姿を現す。『出雲国風土記』のスサノヲ命と言えばその中心は今紹介した飯石郡「須佐」郷の伝承である。『古事記』での表記「須佐之男」（因みに『日本書紀』は素戔男尊、素戔嗚尊などの表記）とはまさに「須佐」の男である。

出雲国飯石郡は熊谷・三屋・飯石・多禰《たね》・須佐・波多・来島の七郷で構成される山間の郡であり、須佐郷は郡の西部、神門《かんど》川流域に展開し、現在の出雲市佐田町にあたる。

「さだ」といえば一般的には佐太神社の鎮座する鹿島町の佐陀を思い起こす人が多いのではないだろうか。実は佐田町という町名は昭和三十一（一九五六）年に簸川郡「窪田」村と飯石郡「須佐」村が合併してできた合成地名である。その後、平成十七（二〇〇五）年の平成市町村大合併においては出雲市に組み込まれ、佐田町（飯石郡佐田町）は廃されたが、住居表示のみその「佐田町」が残されており、幸いに字「須佐」を取り込んだ「佐田町須佐」の住居表示が今も使用されている。ただし、「須佐」の地名の流転は地域の歴史、神話文化の理解に問題を残すであろう。

しかしそういう中でも出雲市佐田町須佐には須佐能袁命を祭神とする『出雲国風土記』神祇官社、式内社である須佐神社が鎮座している事実がある。須佐神社は飯石郡二十一社の筆頭社であり、古代以来連綿としてスサノヲ命を祀ってきた古社である。『出雲国風土記』は稲田姫が熊谷郷で出産する伝承を載せるとともにスサノヲ命の地域伝承も

須佐神社の後ろ姿

残したのである。

『出雲国風土記』によればスサノヲ命は「須佐」の地に巡幸し、「須佐は狭いが良いところだ、しかしわたしの名前は木や石には着けない」と宣《の》り、自分の魂を鎮め置き、「大須佐田・小須佐田」を設定したという。

確かに「須佐」という地名の命名事情を語っている。繰り返しになるが、素晴らしい所であるので石や木に自身の名前は残すのではなく、まずは自身の魂を鎮め置き、新たに設定した水田に自身の名を着けたというのである。

この伝承で注意しておきたいのは、須佐郷にはスサノヲ命自身は鎮座していないという事実である。スサノヲ命は「須佐」の地に自らの「御魂」を置き、そしてまた巡幸したのであった。

神の「御魂」とは何か、それに関しては未だ歴史学、民俗学、宗教学的に十分な検討はなされていないが、『出雲国風土記』大原郡条の次の一文がその実態を物語っていたのである。

高麻山《たかさやま》　郡家の正北一十里二百歩なり。高さ一百丈、周り五里なり。北の方に樫・椿等の類あり。東・南・西の三方は並びに野なり。古老の伝へに云ふ、神須佐能袁命の御子、青幡佐草日古命《あをはたさくさひこのみこと》、この山の上に麻蒔《あさま》き給ひき。故、高麻山と云ふ。即ちこの山の峯に坐すは其の御魂なり。

高麻山に麻を植えた青幡佐草日古命の本座地は『出雲国風土記』意宇郡条に明確に述べられている。

大草《さくさ》郷　郡家の南西二里一百二十歩なり。須佐乎命《すさのをのみこと》の御子、青幡佐久佐丁壮命坐せり。故、大草と云ふ。

この大草郷の「青幡佐久佐丁壮命」、そして先の高麻山の「青幡佐草日古命」はともに「スサノヲ命」の御子神であり、その神名からして同一神と考えて間違いない。この「アヲハタサクサヒコ」を祀った神社が『出雲国風土記』意宇郡社名項にみえる「佐久佐社」である。「佐久佐社」は中世以降、国府近くに鎮座の関係で歴史の流れに翻弄され、松江市大草の六所神社、また佐草の八重垣神社と比定される歴史を有するが、その本来の祭神の「アヲハタサクサヒコ」は現在、六所神社境内社の丁明神社に鎮座している。

また高麻山の「アヲハタサクサヒコ」は現在、御代《みしろ》神社（雲南市加茂町三代）の境内の祠に祀られている。人間も神も一身であることに変わりはない。スサノヲ命は自身の魂を置いたということからみて、神は魂を有していることがわかる。

『出雲国風土記』意宇郡安来郷条にみえる毘売埼《ひめさき》伝承においては、娘を和爾に殺された語臣猪麻呂が和爾への復讐を神に願う。その言葉は「天つ神千五百万はしら、地《くに》つ神千五百万はしら、並に当国に静まり坐す三百九十九社、及、海神等、大神の和魂《にきみたま》は静まりて、荒魂《あらみたま》は皆悉く猪麻呂が乞《こ》ひのむ所に依り給へ」というものであった。そこに神々にはそれぞれ「和魂」「荒魂」があり、それを自由に勧請（分霊を招く）することが出来るという信仰があったことがわかる。

スサノヲ命が「須佐」の地に自身の「魂」を置いたというのは伝承であり、歴史的には地域の人々がスサノヲ命の魂を勧請したのであろう。

「須佐」の地の逍遥

『出雲国風土記』飯石郡須佐郷、現在の出雲市佐田町宮内地域にあたる。神話の地、宮内を半日かけて歩いてみた。

まずはスサノヲ命が設定したという「大須佐田・小須佐田」の地を訪ねた。須佐神社の境内を後にして街並みを西へ、やがて須佐川に掛かる佐田橋を渡ると眼前の丘に須佐国造館が羽を広げて迫る。須佐神社宮司家、須佐国造家は始祖を足名椎《あしなづち》・手名椎《てなづち》とし、スサノヲ命の命により「須佐の宮地を守る稲田の首《おびと》」（須佐神社ホームページ）に任ぜられ、宮司で七十八代という。

『古事記』を改めてひもとくと確かに、

八雲立つ　出雲八重垣　妻籠《つまご》みに　八重垣作る　その八重垣を

ここにその足名椎神を喚びて、「汝は、我が宮の首任《おびとた》れ。」と告言《の》りたまひ、また名を負せて、稲田宮主須賀之八耳神と号けたまひき。

とみえる。そこで気になるのは長い神名「稲田宮主須賀之八耳神」である。この神名は足名椎に限定された名前と考えるべきであろう。

『日本書紀』はその点に関しては厳密であり、まず「吾が児（稲田姫）の宮の首は、即ち脚摩乳・手摩乳なり。故、号を二の神に賜ひて稲田宮主神と曰ふ」とし、足名椎（脚摩乳）・手名椎（手摩乳）の二神への総称として「稲田宮主神」を挙げている。稲田姫の生活する宮の「主」（管理者）という意味である。そして「稲田宮主簀狭《すさ》之八箇耳が女子、号は稲田姫」との表記を付す。『古事記』では「稲田宮主須賀《すが》之八耳神」であった。「簀狭」と「須賀」の相違である。「簀狭（すさ）」は「須佐」であろう。『日本書紀』は「稲田宮主簀狭之八箇耳」に関して「その妻の名をば稲田宮主簀狭之八箇耳」とし、さらに「稲田宮主簀狭之八箇耳が生める児、真《ま》髪触奇稲《かみふるくしな》田《だ》媛《ひめ》」としており、「生める」に注目するならば、足名椎が「稲田宮主須賀之八耳神」、女性神の手名椎が「稲田宮主簀狭之八箇耳」ということになろう。

足名椎・手名椎は、大原郡の「須賀」の御室山、そして新たな「須佐（簀狭）」の須佐神社、その両所の管理の「首・稲田宮主」としての任を果たすようスサノヲ命から要請されたという展開である。

「大須佐田・小須佐田」に因むのであろう佐田橋を渡った右手が字「御田《みた》」、そして字「佐田」（合成地名の佐田ではない）と続く、さらに西へ川沿いに進むと字「清地（すがち）」である。スサノヲ命の「我が御心須賀須賀し」と関係するのか、地元ではスサノヲ命がこの地を塩で清めたと言い伝えられている。享保二年の『雲陽誌』飯石郡条ではその地を「吾心清清し彼所に宮を建つ、是より清地といふ」と明言している。

その「清地」の佐田町スクールバス停の表示は「曽我里」である。「すが」「そが」の混用が見られる。バス停から須佐川を小橋で渡ると公民館があり「御田曽我公民館」の表示札があるが、その裏手に小社があり実に神社の扁額には「須賀神社」と明記されている。「須佐」の地に「須賀神社」が鎮座する不思議さが何とも言えない雰囲気を醸し出している。ここここそ『古事記』の「須賀

須賀神社の鳥居と扁額

の地に到り坐して、吾この地に来て、我が御心須賀《すが》須賀《すが》し」の地と呟いているようである。

元に戻り原田方面に向かうと、注目されていないが字「稲田」が確認できる。須佐氏がかつて「稲田」氏であったという点などを勘案すると注目すべき字であろう。『雲陽誌』によれば、そこに「稲田姫の社」があったとする。須佐神社の言い伝えでは須佐神社の「素鵝《そが》川」対岸の字「刀ケ原《かたながはら》」、通称「ワカンベ」の地に稲田姫の宮が鎮座していたが、天文年間（一五三二〜五五）に須佐神社本殿に合祀されたという。かつては須佐神社とその稲田姫の宮とは黒木橋で結ばれていたという。現在のゆかり庵付近が旧稲田神社の跡と思われる。

『出雲国風土記』、スサノヲ命最後の姿

『出雲国風土記』ではスサノヲ命は大原郡佐世郷・御室山、飯石郡須佐郷に「姿」を現すことは知られているが、

稲田神社の旧社地の石碑

実はもう一ヵ所、意宇郡安来《やすき》郷条にも見えている。

安来郷　郡家《ぐうけ》の東北のかた廿七里一百八十歩なり。神須佐乃烏命《かむすさのをのみこと》、天の壁立《かべたち》廻りましき。その時、ここに来まして「吾が御心は安平《やす》けくなりぬ」と詔りたまひき。故、安来といふ。

「安来」、現在は「やすぎ」と濁るが、伝承の「安平けく」からして本来は清音「やすき」であったと思われる。「安来」郷は現在の安来の町と宮内・和田・黒島・島田の辺りを含んだ地域であった。伝承は「神須佐乃烏命」、スサノヲ命の国誉めである。「天の壁立」、それは古代びとの不思議な世界、宇宙観であり、地の果てには壁らしきものが立ち、国土を包んでいたと考えていたのであろう。わたしはこの伝承に触れる時、何時もオーロラのようなイメージの壁を思い浮かべて納得している。

スサノヲ命はその「天の壁立」に守られた世界を逍遙した。そこには逍遙してきた鳥髪・佐世・御室・須佐の地も含まれていたと思われるが、「吾が御心は安平けくなりぬ」の言葉にこころを寄せると、「安来」の地にたどり着いてこころが落ちついたとの心意を汲み取ることができる。

神々の国誉めの言葉、「屋代郷（『出雲国風土記』意宇郡）」の「吾が静まり坐さむと志《おも》ふ社《やしろ》」、「方結《かたえ》郷（島根郡）」の「吾が敷き坐す地は、国形《くにかたえ》宜し」、「恵曇《ゑとも》郷（秋鹿《あいか》郡）」の「国形、画鞆《ゑとも》の如きかも、吾宮はここに造らむ」、「多太郷」の「吾が御心は、照明《あか》く正真《ただ》しく成ぬ、吾はここに静まり坐さぬ」を並べてみると、神々はその土地が気に入り。神自らが鎮座したことがうかがえる。

確かに『出雲国風土記』はそれぞれの神々が鎮座した神社、屋代郷の「支布佐社《きふさ》」、方結郷の「方結社」、恵曇郷の「恵杼毛社《ゑとも》」、多太郷の「多太社」を載せている。

安来郷の伝承の場合はあくまで「心」の問題、「魂」の世界であり、伝承からこの地にスサノヲ命自身が鎮座したという感じではない。

安来の街中に「神須佐乃男命」を祭神とする古社、安来神社が鎮座するが、神名から『出雲国風土記』を意識するも、その神社は『出雲国風土記』には見えていない。

伝承から見てスサノヲ命自身が鎮座する神社の探求は無理ではあるが、伝承からスサノヲの魂を祀る神社の存在は認められよう。

実は『出雲国風土記』意宇郡条には熊野大社を筆頭として神祇官に登録された神社（在神祇官社）四十八社と神祇官には登録されていない神社（不在神祇官社）十九社、計五十七社の社名が挙げられている。信仰・伝承、そして江戸時代以来の研究の積み重ねで、『出雲国風土記』の神社の系譜が探られ、風土記社の現在が明らかにされている。しかし、五十七社の中には歴史の流れの中で信仰系譜が不明になった神社もいくつかあるのも事実である。

ここでその一つ神祇官社の「佐久多社《さくた》」について思いを巡らしてみたい。なお、「佐久多社」は

『出雲国風土記』意宇郡神社項に「在神祇官社」として二社みえる。「佐久多社」は現在、松江市宍道町上来待、安来市広瀬町広瀬に求められており、未だ定見がなく、それぞれの地域で祀られている。

ここで「佐久多社」の古代における鎮座地を推定するに注目すべきは『延喜式』の神社記載順であろう。周知の通り、『出雲国風土記』の神社記載は基本的に社格順であるのに対し『延喜式』は参拝順であるという事実である。

「佐久多神社」附近に限定して列挙するならば、①山狭神社　②布弁神社　③都弁志呂神社　④野城神社　⑤佐久多神社　⑥志保美神社　⑦意多伎神社、の順となっている。この参拝の道筋からみると、残念ながら松江市宍道町上来待、安来市広瀬町広瀬説には不具合が生じ、改めて第三の「佐久多神社」の古代鎮座地候補が浮かんできそうである。

ここで野城神社から志保美神社への道筋を逍遙しながら探してみたい。かつて日本古典文学大系『風土記』で秋本吉郎は「佐久多神社」の鎮座地として「安来市佐久保」をあげ、「伊勢ノ森」に注目された。「佐久多」と部分地名を共有する「佐久保」地域である。その佐久保の地は地図で確認しても③④⑤⑥⑦という順で一筆書き風に廻ることができる。

この「伊勢ノ森」は享保年間の『雲陽誌』能義郡佐久保の項に「伊勢森」とみえているが、名称からして天照大神関係の伝承地であろう。そういう中、注目すべきは佐久保の集落内に鎮座している五神神社である。伊勢森の系譜なのか天照大神をはじめとして誉田別命・稲背脛命・御崎神、そして素盞嗚命を奉斎している。

また古代において安来郷に入ると思われる安来市清井町の民家に隠れて鎮座する須佐神社も『雲陽誌』に「祇園社、素戔嗚尊をまつる」とみえており、伯《はく》太川右岸の地域にスサノヲ命を祀る空間があったことがうかがえる。

五神神社・須佐神社ともに静かに鎮座する深閑とした森、訪れると心「安平けくなりぬ」世界を感じることができる。そこは安来の世界であった。

出雲におけるスサノヲの旅は鳥髪から始まり安来に終わるのであろう。不思議なのは鳥髪・佐世・御室・熊谷・須佐の流れは『古事記』『日本書紀』のスサノヲ神話に重なるが、安来は如何にしても唐突である。

その点に関して『出雲国風土記』は何も語らない。実は『出雲国風土記』安来郷の伝承は『出雲国風土記』の中でも国引神話とともに圧倒的な内容を誇るものであった。

安来郷の伝承は「安来」の地名起源を語るのは僅かであり、その本体と言うべきは、いわゆる毘《ひ》売《め》崎《さき》伝承である。

天武天皇三（六七四）年七月十三日、語臣《かたりのおみ》猪麻呂《いまろ》の娘は不幸にも「北海《きたのうみ》」の毘売崎で「和爾《わに》」に襲われ殺された。娘の死を悲しんだ猪麻呂は仇討ちを誓い、神々に祈った。その時の猪麻呂の言葉が残されている。

天《あま》つ神千五百万《かみちいほよろづ》はしら、地《くに》つ神《かみ》千五百万はしら、並に当国に静まり坐す三百九十九社、及、海神《わたつみ》等、大神の和魂《にぎみたま》は静まりて、荒魂《あらみたま》は皆悉く猪麻呂が乞ひのむ所に依り給へ。良《まこと》に神霊《みたま》有らませば、吾に傷《そこな》はしめ給へ。ここをもて、神霊の神たるを知らむ、とまをしき。

猪麻呂は復讐に際し出雲の神々に協力を求め、神々の有する「魂」、それも荒々しい「荒魂」を自身に憑依《ひょうい》させたのである。出雲の神々、「当国に静まり坐す三百九十九社」といえば、当然、大国主神は含まれており、スサノヲ命も協力を期待され、勧請された神であろう。古代びとの常識としてヤマタノヲロチを退治したスサノヲ命の「荒魂」は特に知られており、「和爾」の退治に関しては最も期待される神であったのではなかろうか。

猪麻呂の願いは、「しましありて和爾百余、静かに一つの和爾を囲みて、おもぶるに率《い》てよりきて、居る下につきて、進まず退かず、なお囲みなり。その時、鋒《ほこ》を挙げて中央《まなか》なる一つの和爾を刃《さ》して、殺し捕ることとすでに訖《お》へぬ」という形で叶えられた。

安来郷の伝承、すなわち「安来」の地名起源伝承と毘売崎伝承の二つは「即ち」という接続詞で結ばれている。もし両伝承に関連があるとするならば、その関連性はスサノヲ命の存在に求めるべきなのであろう。大略ではスサノヲ命は、猪麻呂の勧請に応え、安来の地にて「荒魂」を顕現させ責任を果たし、「吾が御心は安平けくなりぬ」となったという話の筋立てを見出すことができよう。

スサノヲ命のうしろ姿を安来にみる

安来郷のスサノヲ命、その地には魂を鎮め置き、更なる旅に出た。スサノヲ命は最終的に何処に身を置こうとしていたのであろうか。スサノヲ命が生まれた時にすでに母のイザナミは亡く、その母を慕い泣くのみであったという。『古事記』の語りに耳を傾けてみよう。

故《かれ》、各おのおの依《よ》さし賜ひし命《みこと》の随《まま》に、知らしめす中に、速須佐之男命、命《よ》させし国を治《し》らずて、八《や》拳須《つかひげ》、心の前《むね》に至るまで、啼き、伊佐知伎《いさちき》。その泣く状《さま》は、青山は枯山の如く泣き枯らし、河海は悉く泣き乾《ほ》しき。是を以って、悪《あ》しき神の音《こゑ》は、狭蝿《さばへ》なす皆な満ち、万の物の妖《わざはひ》悉く発《おこ》りき。故、伊邪那岐《いざなぎ》大御神は、速須佐之男命に詔りたまひて、何の由を以って、汝は事依させし国を治らずて、哭き伊佐知流《いさちる》とのりたまひき。ここに答え白して、「僕《あ》は、妣《はは》の国、根の堅州《かたす》国《くに》に罷《まか》らむと欲《おも》ふ。故、哭くなり」、とまをしき。ここに、伊邪那岐大御神、大《いた》く忿《いか》怒りて詔りたまひしく、「然、汝《いまし》は、此の国に住むべからず」とのりたまひて、乃ち神夜良比《かむやらひ》爾夜良比《にやらひ》賜ひき。

【概略】スサノヲ命は命じられた海原を治めず、顎鬚が胸に届く年頃まで亡くなった母を慕い泣き続けていた。その激しさに青山は枯れ、河海の水が干上がり、悪神が騒ぎ、その声が蠅のように満ちたという。イザナギ命のスサノヲ命に何故泣くのかとの問いにスサノヲ命の返事は「亡き母の居る『根の国』へ行きたい」というものであった。それを聞いたイザナギ命は怒り、「お前は高天原から出て行け」と、「神夜良比爾夜良比」（追放）したという。

父親のイザナギ命から勘当を受け、放浪の旅を強いられたスサノヲ命であるが、そもそもスサノヲ命の心に秘めた願いは「僕は、妣の国、根の堅州国」に行くことであった。「三つ子の魂百まで」という諺《ことわざ》を借りればスサノヲ命の旅の目的地は出雲ではなく「妣の国、根の堅州国」であった。

スサノヲ命の願いは叶い、最終的に娘の「須勢理毘売」とともにその「根の堅州国」で生活している。また、その地にスサノヲ命は大国主神を迎え入れ、娘の須勢理毘売と結婚もさせるのである。

ここで神話は不思議な展開、そして舞台を用意する。それこそ神話なのであろう。大国主神はスサノヲ命の下からの自立を目指し、妻・須勢理毘売とともに「根の堅州国」を脱出しようとするが、スサノヲ命は「黄泉比良坂」まで追いかけそれを阻止しようとする。その「黄泉比良坂」は安来の世界の西に当たる。スサノヲ命は安来に深い縁があったのである。

ここに『出雲国風土記』意宇郡安来郷条を再掲する。

安来郷　郡家の東北のかた廿七里一百八十歩なり。神須佐乃烏命、天の壁立廻りましき。その時、ここに来まして「吾が御心は安平けくなりぬ」と詔りたまひき。故、安来といふ。

考えれば、この「安平けくなりぬ」地とは「根の堅州国」と重なりそうである。スサノヲ命は安来の地に魂だけでなく己の身も鎮座せしめ今に生きているのではないだろうか。

すでに「第一章　黄泉の国へ参る」においてイザナミの死、そして黄泉の平坂、黄泉国の世界が出雲世界に設定され、理解されてきたことを述べた。それは古代びと、そして出雲びとの心象であり、当然、スサノヲ命もそれを共有していたのである。「黄泉比良坂」、そこはイザナミ・イザナギの別離、そしてスサノヲ命・須勢理毘売の逃避、その舞台だったのである。

スサノヲ命の旅は「妣の国、根の堅州国」への旅であったが、ヤマタノヲロチ退治という思いもよらぬ出来事から始まった旅、スサノヲ命はそれを通して稲田姫を妻とする縁を手に入れ、後に紀貫之から最初の和歌を詠ったと評価される名誉も手に入れたのである。

第四章　国譲りの原郷

大国主神の誕生地

大国主神の神話といえば『古事記』を中心に語った方がわかりやすいであろう。大国主神の『古事記』登場はその出生までたどることができる。

天之《あめの》冬衣《ふゆぎぬ》神、この神、刺国《さしくに》大神の女、名は刺国若比売《さしくにわかひめ》を娶《めと》して生める子は大国主神。亦の名は大《おお》穴牟遅《なむぢ》神と謂ひ、亦の名は葦原色許男《あしはらしこを》神と謂ひ、亦の名は八千矛《やちほこ》神と謂ひ、亦の名は宇都志国玉《うつしくにたま》神と謂ひ、并せて五つの名あり。

ここでは大国主神の父神「天之冬衣神」、母神「刺国若比売」の名はみえるが、出生場所への言及はない。そして次の展開は幼少期に関する記述はなく、舞台は急展開し、稲羽（因幡）の地となる。

大国主神の兄弟《はらから》、八十神《やそかみ》坐しき。然れども皆、国は大国主神に避《さ》りき。避りし所以は、その八十神、各稲羽の八上比売を婚《よば》はむの心ありて、共に稲羽に行きし時、大穴牟遅神《おおなむぢのかみ》に袋を負《おほ》せ、従者《ともびと》として率《い》て往きき。

［概略］大国主神の兄弟、八十神は稲羽の八上比売を妻にしようと稲羽に出かけたが大国主神は付き人として袋を背負わせられていた。

この後は有名な稲羽の素兎の話に転じ、そして伯耆へと続いていくが、出生以後の話はなく、「稲羽に行」くとあるが、何処から行ったのかも不明である。果たして大国主神は何処で幼少期を過ごし、成長したのであろうか。

大国主神の行動は多岐にわたり、神話の中で重要な位置づけがなされていることもあり、大神の一挙手一投足が注目されるが、概して大神の日常の生活は浮かんでこない。

ここで『古事記』から『出雲国風土記』意宇郡宍道郷《ししぢ》伝承に目を転じてみたい。

宍道郷　郡家の正西卅七里なり。天《あめ》の下造《したつく》らしし大神の命の追ひ給ひし猪《しし》の像、南の山に二つあり。一つは長さ二丈七尺、高さ一丈、周りは五丈七尺なし。一つは長さ二丈五尺、高さ一丈、周り一丈九尺なり。猪を追ひし犬の像は長さ一丈、高さ四尺、周り一丈九尺なり。その形、石となりて猪・犬に異なることなし。今に至るまで猶あり。故、宍道と日ふ。

この宍道郷では女神への求婚もなく、八十神との抗争もなく、日常の狩猟生活が語られている。明確な根拠はないが、大国主神関係の神話伝承を通覧するに大国主神の原郷はこの宍道郷付近ではないだろうか。このような大国主神ののびやかな日常は、ある限られた時期であったと思われる。その穏やかな時期としては八十神との抗争以前、もしくは抗争終焉以降が想定できそうである。ここでは前者、八十神との抗争以前と理解して先に進んでいきたい。

次に紹介するのはその宍道郷の東に位置する拝志《はやし》郷の伝承である。

拝志郷　郡家の正西廿一里二百一十歩なり。天の下造らしし大神の命、越の八口を平《ことむ》けむとして幸《いで》しし時、此処の樹林《はやし》茂り盛りき。その時、「吾が御心の波夜志《はやし》」と詔りたまひき。故、林といふ。（神亀三年、字を拝志と改む。）即ち正倉あり。

この「拝志」の地は今に松江市玉湯町「林」として確認できる。林には『出雲国風土記』にみえる不在神祇官社の「布宇社《ふう》」が鎮座している。主祭神は「天の下造らしし大神の命」、大国主神である。

『古事記』にみえる大国主神の一連の稲羽国・伯伎国・根国・高志国の伝承にみえる事跡は「越の八口を平けむとして幸し」たというこの「拝志郷」の伝承が幕開けとなっている。

「布宇社《ふう》」の「布宇」は「風《ふう》」と考えられ、現在、布宇神社には主祭神の大国主神のほかに風の神、級長戸辺命《しながとべのみこと》も祀られている。大国主神は西風に乗り、「越」へと旅立ったのであろうか。拝志郷の伝承は盛んに繁茂する樹々、その勢いが大国主神のこころを「囃子（波夜志）」立てたというのである。宍道郷での穏やかな生活に終止符を打っての旅立ちである。しかしそれは前途多難な旅への門出であった。

苦難の旅

『古事記』は大国主神の苦難の旅を象徴する事件について次のように語る。

是に八上比売《やかみひめ》、八十神《やそかみ》に答へて言ひしく、吾は汝等の言は聞かじ。大穴牟遅神《おおあなむぢのかみ》に嫁《あ》はむ。爾《ここ》に八十神怒りて、大穴牟遅神を殺さむと共に議りて、伯伎国《はうき》の手間の山本に至りて云ひしく、「赤き猪此の山に在り。故、和禮《われ》共に追ひ下しなば、汝待ち取れ。若し待ち取らずば、必ず汝を殺さむ」

と云ひて、火を以て猪に似たる大石を焼きて、転し落しき。ここに追ひ下すを取る時、即ち其の石に焼《や》き著《つ》かえて死にき。ここに其の御祖命《みおやのみこと》、哭《な》き患《うれ》ひて、天に参上《まゐのぼ》りて、神産巣日之命《かみむすひのみこと》に請しし時、乃ち𧏛貝比売《きさがひひめ》と蛤貝比売《うむがひひめ》とを遣はして、作り活かさしめたまひき。ここに𧏛貝比売、岐佐《きさ》宜《ぎ》を集めて、蛤貝比売、待ち承けて、母《おも》の乳汁《ちしる》を塗りしかば、麗《うるは》しき壮夫《をとこ》に成りて、出で遊行《あそ》びき。

[概略] 八上比売は結婚相手として大国主命（大穴牟遅神）を選んだ。嫉妬した兄神、八十神は大国主命を殺そうとして、伯耆国の手間で赤く焼いた猪に似た大石を落とし、それを大国主命に受け止めさせ、焼死させた。大国主命の死を悲しんだ母神は高天原の神産巣日之命に命の再生を願ったところ𧏛貝比売と蛤貝比売の二女神を派遣し、火傷を治癒、そして再生させた。

その『古事記』の神話伝承地である「手間」については、『和名抄《わみょうしょう》』では伯耆国会見《あいみ》郡に「天万《てま》」という郷名で確認できる。また現在、鳥取県西伯《さいはく》郡南部町に天萬《てんまん》があり、隣接する寺崎には大国主神を祭神とする赤猪岩《あかいいわ》神社も鎮座しており、神話空間が地名・信仰に宿っていることがわかる。

その空間の一角を占める「清水川村（南部町清水川）」には『伯耆志』に次のような伝承が残されている。

於婆《をば》御前（無社）村中山に属《つ》きたる小林の名なり。昔は社もありしや𧏛貝《きさがひ》比売、蛤貝《うむがひ》比売命を祭ると云へり。次に略伝を記す。

清泉　右の林の西、人家の傍に在りて周《めぐり》五間許《ばかり》の浅井なり、上に椋《むく》の木あり、当村の名此水に因れり、土人の伝に蚶貝比売、蛤貝比売、大己貴命《おおなむちのみこと》を蘇生せしめ給ひし時、彼の貝の粉を此水に和して塗らせ給ひしなりと云へり。

『伯耆志』は江戸末に作成された地誌であり、大国主神の手間伝承の歴史的深源、その広がり、裾野の広さをうかがうことができる。

「手間」世界は神話伝承だけではなく、歴史的にもその広がりは追えるのであり、その手間と意識された地域はさらに広く、『出雲国風土記』によれば出雲国との国境に置かれた「剗《せき》」は「手間剗」と呼ばれていた。「大己貴命」、すなわち大国主神の蘇生の地・伯耆国手間、その西が出雲国の手間剗であり、そこは行政領域的には出雲国意宇郡の地であった。そこには意宇郡の屋代・楯縫・母理・山国、そして安来の諸郷が広がっていた。

清水井の現況

帰還の空間、そこは国堺

古代、出雲国の入口といえば伯耆国から手間剗を越えて山陰道が入る意宇郡屋代郷である。その屋代郷、『出雲国風土記』意宇郡屋代郷伝承では大変気になる神が登場する。

屋代郷　郡家の正東三十九里一百二十歩なり、天乃夫比命《あめのふひのみこと》の御伴《みとも》に天降《あも》り来ましし、伊支《いき》等が遠つ神、天津子命《あまつこのみこと》詔りたまひしく、「吾が静まり坐さむと志《おも》ふ社《やしろ》」と詔りたまひき。故、社と云ふ。神亀三年に字を屋代と改む。

この伝承の中心は天津子命であるが、天津子命が高天原から屋代の地に降臨したのは天乃夫比命の「御伴」としてであった。天乃夫比命の降臨に同行したのか、先に屋代の地に坐した天乃夫比命のもとに降臨したかは定かではないが、屋代の地に深いかかわりを持っていたのは天乃夫比命であった可能性が高い。

天乃夫比命は「あめのふひのみこと」と読むが、実は有名な国譲りの使者として初めて大国主神のもとへ派遣された神、出雲国造家の祖先神「天穂日命《あめのほひのみこと》」と同一神と考えられる（『古事記』天菩日命、『日本書紀』天穂日命、『出雲国風土記』天乃夫比命、『出雲国造神賀詞』天穂比命、と表記が異なる。特殊以外は「天穂日命」を用いる）。『出雲国風土記』は出雲国造出雲臣広島のもとに編纂がなされたのであるが、出雲臣の祖先神の「天穂比命」に関しての記述は極めて少なく、この屋代郷条の「天乃夫比命」の名前のみである。

現在、その「天穂比命」を主祭神にする支布佐《きふさ》神社が安来市吉佐《きさ》町に鎮座している。その地は古代においては「屋代郷」に属していたと思われる。「吉佐」は「支（布）佐」の訛りであろう。そしてまた不思議にも先の「蚶（きさ）貝比売」にもつながっている。

実は『出雲国風土記』意宇郡条には「支布佐社」が二社みえ、その一社が通称「天津社」と呼ばれる神社である。社名からして屋代郷伝承の天津子命を祀った神社ということになろう。

支布佐神社の国津社跡地の石碑

現在、風土記の「支布佐社」を継承する神社は一社であるが、明治の頃までは二社確認でき、現在の天津社に対して国津社の存在を知ることができる。その何方かが屋代郷の中心の神、天穂比命を祀る「支布佐社」であったが、今に到っては不明と言わざるをえない。

かつて存在していた今一つの「支布佐社」を求め、「文政年間村々絵図」にみえる伝・「天穂日命陵」と伝える神代塚古墳、「岩家」を頼りに吉佐の集落を探し求めたがかつての「支布佐社」の存在を知る人もなかった。

　たまたま梨樹園から下りてきた方に尋ねたところ、自分の樹園の中に丸い石碑があるとの話を伺い、許可を得て樹園を上ると、半分地中に埋まった丸い石碑を目にした。石碑は下部が土に埋もれているが、明らかに「国……」との刻字があり、その地がかつての「国津社」、「支布佐社」の鎮座地であったことが判明した。この石碑の存在を知る人は梨樹園所有者だけであった。

「明治は遠くなりにけり」というが、そこに神社があったという形跡、雰囲気もない。ただ樹園の丘から谷を隔てた西の丘を眺めると、ちょうど正面に今一つの「支布佐社」、現・支布佐神社の森を見出す。

　その支布佐神社境内の左手の小社の扁額には「国津神社」と記されている。少し開いている扉の隙間から覗き拝むと、小さな神輿が据えられている。明治の神社合祀の際に村人による厳粛、荘重なる遷宮が西の丘から東の丘になされたのであろう。その際の神輿であろうか。

　それは天穂日命の遷宮だったのか、今、その記憶は消え去ったが、二つの丘の間には「伝・天穂日命陵」と伝える神代塚古墳が残され、そして「岩屋（家）」として祀られているのは印象的である。

　大切なのは『出雲国風土記』では出雲国造の祖先神が姿をみせるのは唯一出雲の東部であり、それは出雲国造自身の原郷が松江の大庭ではなく、出雲国東部の屋代地域であったという記憶があったからではなかろうか。

大国主神・天穂比命の決断

ここに『出雲国風土記』意宇《おう》郡母理《もり》郷の伝承を載せる。

母理郷　郡家の東南三十九里一百九十歩なり。天《あめ》の下造《したつく》らしし大神、大穴持命《おおあなもちのみこと》、越の八口を平け賜ひて還りましし時、長江山《ながえやま》に来まして詔りたまひしく、「我が造りまして命《し》らす国は、皇御《すめみ》孫《ま》の命《みこと》、平らけく世知らせと依《よ》さしまつらむ。但、八雲立つ出雲の国は、我が静まります国と、青垣山廻らし賜ひて、玉珍《たま》置《お》き賜ひて守《まも》らむ」と詔りたまひき。故、文理《もり》と云う。神亀三年、字を母理と改む。

この母理郷の長江山は大国主神が意宇郡拝志郷から「越の八口」に遠征し帰還した場所であり、青垣廻らした出雲国以外の地を「皇御孫の命、平らけく世知らせと依さしまつらむ」と語り、国譲りを宣言した場所である。有名な稲佐浜の国譲り交渉の前段階と位置づけられる第一次国譲りの舞台である。

既に紹介したところであるが、母理郷の北側の屋代郷には記紀神話において最初の国譲り使者として派遣された天穂日命（アメノホヒ命）が「天乃夫比命」との表記で登場している。
国譲りの使者といえば第一にまずその名を挙げるべきは「天菩比神」（『古事記』表記）「天穂日命」（『日本書紀』表記）である。先に『古事記』では高天原の神議《かみはかり》において国譲り交渉の使者として「八百萬の神、議りて白しくく、天菩比神、是を遣はすべし」と指名された神である。周知の通り出雲国造の祖先神として知られている。

不思議にも、『古事記』によれば「大国主神の媚《こ》びつきて、三年に至るまで復奏《かへりごとも》せざりき」、『日本書紀』では「天穂日命は是神の偉《いさを》なり、試みざるべけんや」として派遣され、結果「この神、大《おほ》己貴神《あなむちのかみ》に佞《おもね》り媚《こ》びて、三年になるまで、尚《なほ》し報聞《かへりごとまう》さず」とあり、三年もの間、大国主神に「媚び」て高天原に交渉過程を報告しなかったとあり、高天原の期待に応えたとは言えないようであった。

しかし、出雲国造は国造交替、新任の際、朝廷に向かい天皇の前で奏上した出雲国造神賀詞《かむよごと》においては堂々と「出雲臣等が遠祖、天穂比命を国形見に遣はしし時に、天の八重雲を押し別けて、天《あめ》翔《かけ》り国翔《くにかけ》りして天の下見廻りて、返事《かへりごと》申し給はく」、「布都怒志命を副へて天降し遣はして、荒ぶる神どもを撥《はら》ひ平《む》け、国作らしし大神をも媚び鎮めて、大八島国の現事顕事《うつしごとあらはごと》避らしめき」と述べており、「天穂比命」は報告もし、大国主命に「媚び」たのは使命を果たすためであったと主張している。

『古事記』『日本書紀』、そして神賀詞を整理すると、確かに三年間は交渉経過の報告はしなかったが、大国主神に接近し、国譲りにおいて成果を挙げたとの流れが浮かんで来る。その空白の三年間は無為の時ではなく、大国主神を「媚び鎮め」た水面下の交渉の貴重な時であった。その二柱の神、「天乃夫比命」、大国主神は出雲国の最東端に位置する屋代郷、そして母理郷に身を置き、その三年にも及ぶ静かなる交渉、和議を経て、終に大国主神は自ら国譲りを申し出たのである。

改めて読み直すと、その点に関して『出雲国風土記』意宇郡母理郷伝承は奥深い情報を発していたのである。越の苦難の遠征から母理郷の長江山に帰還した大国主神は、「我が造りまして命らす国は、皇御孫の命、平らけく世知らせと依さしまつらむ」と言を発し、誰から強制されることもなく国譲りを宣言するのである。

しかし、大国主神と「天乃夫比命」との国譲り交渉には重大な約束事があった。それは「但、八雲立つ出雲の国は、我が静まります国と、青垣山廻らし賜ひて、玉珍《たまお》置き賜ひて守らむ」という大国主命の決意に近い強い言葉に表われている。大国主神は自身が国作りした、そして治めている国々は高天原に譲るが、自身が住む「八雲立つ出雲の国」だけは譲らない、という強い決意であった。「天乃夫比命」は三年余の交渉の結果、「媚び」る形で譲歩し、大国主神の願いを受け入れたのであろう。

その母理・屋代郷に隣接する二つの郷に目を移してみたい。『出雲国風土記』は神々の動向を追っているようである。

楯縫《たてぬい》郷　郡家の東北のかた卅二里一百八十歩なり。布都怒志命《ふつぬしのみこと》、天の石楯《いはたて》を縫《ぬ》ひ置きひき。故楯縫といふ。

山国郷　郡家の東南卅二里二百卅歩なり。布都怒志命の国廻《くにめぐ》りましし時、此処に来まして詔りたまひき。この土は止《や》まなくに見まく欲《ほ》し、と詔りたまひき。故、山国といふ。

余り注目されていないが隣郷の楯縫郷、そして山国郷には国譲りの使者である「布都努志命」が姿をみせており、出雲国意宇郡の最東部に国譲りにかかわる神々が集中して伝承を残していることが判明する。

母理郷伝承、そして屋代郷伝承は出雲国の東端において国譲り交渉が行われた舞台を描いている。しかし、それは完全な国譲りではなかった。その時点では大国主神の鎮座地は「八雲立つ出雲の国は、我が静まります国と、青垣山廻らし賜ひて、玉珍置き賜ひて守らむ」とある通り、出雲一国内であり、特に固定されておらず、完全な国譲りの代償となる大国主神の宮である「天下無双之大廈《たいか》」と言われた出雲大社は登場しないという不思議さである。

出雲・伯耆の「国界」、その界は神々が姿をみせる聖域であった。周知の通り『古事記』では伊邪那美神の葬送地が「出雲国と伯伎国との界の比婆山」とする。考えれば「出雲国と伯伎国との界」は黄泉国との堺でもあった。大国主神が越から帰還したのも出雲・伯耆の「国界」の長江山、そして天穂比命が天下ったのも「国界」の屋代郷であった。『古事記』によれば須佐之男命が出雲の地に姿を見せたのは「出雲国の肥の河上、名は鳥髪といふ地」とする。その「鳥髪」の山、鳥上山は『出雲国風土記』によれば「伯耆と出雲の堺なり」と紹介されている。

政治の世界は中央をめざし、神々は「堺」を好む。不安定な「堺」、その揺れ動きの中から神々は「幽（神）」の世界から「顕（あらは・人間）」の世界に姿を現すのである。

第五章　大国主神の故郷回帰

廻る青垣山を望む

『古事記』によれば天照大神の国土経営の信条は「豊葦原《とよあしはら》之千秋長五百秋《ちあきのながいほあき》之水穂国《みずほのくに》は、我が御子、正勝吾勝勝速日天忍穂耳命《まさかつあかつかちはやひあめのおしほみみのみこと》の知《し》らす国」とある。長い国名、長い神名であるが、ほとんどは修飾語であり、簡単に言えば、「水穂国」は自分の子、「天忍穂耳命」が治める地であるという意味である。その信条が「国譲り」へと話しを展開させていく。

「天忍穂耳命」は、神話系譜上は大変重要な位置を占めているが、影の薄い神である。話が少し戻るが、スサノヲ命の心意を読み取れない姉の天照大神がスサノヲ命に「汝の心の清く明《あか》きは何《いか》にして知らむ」と呼びかけると、スサノヲ命は「宇気比《うけひ》て子生まむ」と天照大神に申し入れたという。「宇気比」とは盟約《めいやく》、占いである。その盟約は「子生まむ」、すなわち子供を生むということになった。

『古事記』は次のように語る。

ここに各、天安河《あめのやすかは》を中に置きて宇気布《うけふ》時に、天照大御神、先づ建速須佐之男命の佩《は》ける十拳剣《とつかつるぎ》を乞ひ度《わた》して、三段《みきだ》に打ち折りて（略）天の真名井に振《ふ》り滌《すすぎ》て、さがみにかみて、吹き棄《う》つる気吹《いぶき》の狭霧《さぎり》になれる神の御名は、多紀理毘売《たきりびめ》命、亦の名は奥津島比売《おきつしまひめ》命と謂ふ。次に市寸島比売《いちきしまひめ》命、亦の御名は狭依毘売《さよりひめ》命と謂ふ。次に多岐都比売《たきつひめ》命。

速須佐之男命、天照大御神の左の御美豆良《みづら》に纒《ま》かせる八尺勾璁之五百津之美須麻流珠《やさかまがたまのいほつのみすまるのたま》を乞ひ度して（略）、天の真名井に振り滌ぎて、さがみにかみて、吹き棄つる気吹の狭霧になれる神の御名は、正勝吾勝《まさかつあかつ》勝速日《かちはやひ》天之《あめの》忍穂耳《おしほみみ》命。亦、右の御美豆良に纒かせる珠を度すを乞ひ、さがみにかみ、吹き棄つる気吹の狭霧に成りましし神、御名を天之菩卑能《あめのほひの》命と謂ふ。亦御蘰《みかづら》に纒かせる珠を乞ひ度して、さがみにかみて、吹き棄つる気吹の狭霧になれる神の御名は、天津日子根《あまつひこね》命。又、左の御手に纒かせる珠を乞ひ度して、さがみにかみて、吹き棄つる気吹の狭霧になれる神の御名は、活《いく》津日子根《つひこね》命。亦、右の御手に纒かせる珠を乞ひ度して、さがみにかみて、吹き棄つる気吹の狭霧になれる神の御名は、熊野久須毘《くまのくすび》命、并せて五柱なり。

有名な「天の安河」における盟約である。天照大神がスサノヲ命の持っていた剣を受け取り、三つに折り、天の真名井で濯《そそ》ぎ、口に入れて嚙み砕き、吹きだすと、その霧の中から多紀理毘売・市寸島比売命・多岐都比売命が生まれたという。いわゆる宗像の三女神の誕生である。

次にスサノヲ命が天照大神の着けていた珠を受け取り、天の真名井で濯ぎ、口に入れて嚙み砕いて、吹きだした霧の中から生まれた神が、正勝吾勝勝速日天之忍穂耳命・天之菩卑能命・天津日子根命・活津日子根命・熊野久須毘命の五神であるという。

天照大神はスサノヲ命に盟約の結果を、後から生まれた五柱の男神は自分の珠から生まれたので自分の子、三柱の女神はスサノヲ命の剣から生まれたのでスサノヲ命の子であると言い聞かせたようである。

先の「天之忍穂耳命」は天照大神の五柱の長男であり、系譜的には天皇家の祖先神の位置にある神となる。天照大神は「水穂国は、我が御子、正勝吾勝勝速日天忍穂耳命の知らす国」として、天之忍穂耳命を「水穂国」に派遣するが偵察のみで使命を果たさず、代わりに次男の「天菩卑能命（天穂日命）」が「水穂国」の大国主神のもとに遣わされたのである。

天穂比命の使命は大国主神が国造りした「水穂国」、その「水穂国は、我が御子、正勝吾勝勝速日天忍穂耳命の知らす国」として大国主神に認めさせ、いわゆる「国譲り」をさせることであった。

北陸から帰還した大国主神は母理郷の長江山でその高天原の使者、天穂日命との三年余にわたる交渉を行い、「八雲立つ出雲の国は、我が静まります国」との条件を出して、出雲国以外の国々の高天原への譲渡を決断したのである。
未だ出雲大社もない世界、大国主神はどこに坐したのであろうか。
ここに『出雲国風土記』意宇郡母理郷の伝承を再掲する。

母里郷　郡家の東南三十九里一百九十歩なり。天の下造らしし大神、大穴持命、越の八口を平け賜ひて還りましし時、長江山に来まして詔りたまひしく、「我が造りまして命らす国は、皇御孫の命、平らけく世知らせと依さしまつらむ。但、八雲立つ出雲の国は、我が静まります国と、青垣山廻らし賜ひて、玉珍置き賜ひて守らむ」と詔りたまひき。故、文理と云う。神亀三年、字を母理と改む。

長江山での国譲り宣言、言い換えれば出雲の独立宣言に通じる言葉であるが、注目したいのは「青垣山廻らし賜ひて、玉珍置き賜ひて守らむ」という具体的な対抗策である。しかし、「具体的」としたが今までは、「青垣山」は青々と茂った山、垣のように周りを取り囲む山々、という感じで理解されており、具体的に「青垣山」を想定することはなかった。
しかし、出雲のどの地に身を置いても『出雲国風土記』にみえる意宇・仁多、そして飯石の諸郡の山々が出雲の南方をまさに「青垣」を廻らすように静まり、広がっているのを望むことができる。

北方には島根半島の北山を望むことができるが、西・東とも「青垣」はなく、「青垣山廻らし」という情景を見ることはできない。

　もともと、出雲国は国引神話の「八束水臣津野命」の言で語られているように「狭布の稚国なるかも初国小く作らせり」であったという。その時点では島根半島は存在しない「初国出雲」であった。ここで問題にすべきだったのは当初の「初国小く作らせり」神、国造りの神はいかなる神であったかであった。「国作りの神」、「水穂国」の造成神は大国主神であり、「初国出雲」を作ったのも「大国主神」なのであろう。

　未だ国引きされていない「初国出雲」、即ち島根半島のない出雲を念頭に置くと「青垣」は神門・出雲・意宇郡、西の出雲・石見界の田儀の山々から、出雲郡の神名《かんな》火《び》山（仏経山）、そして意宇郡の

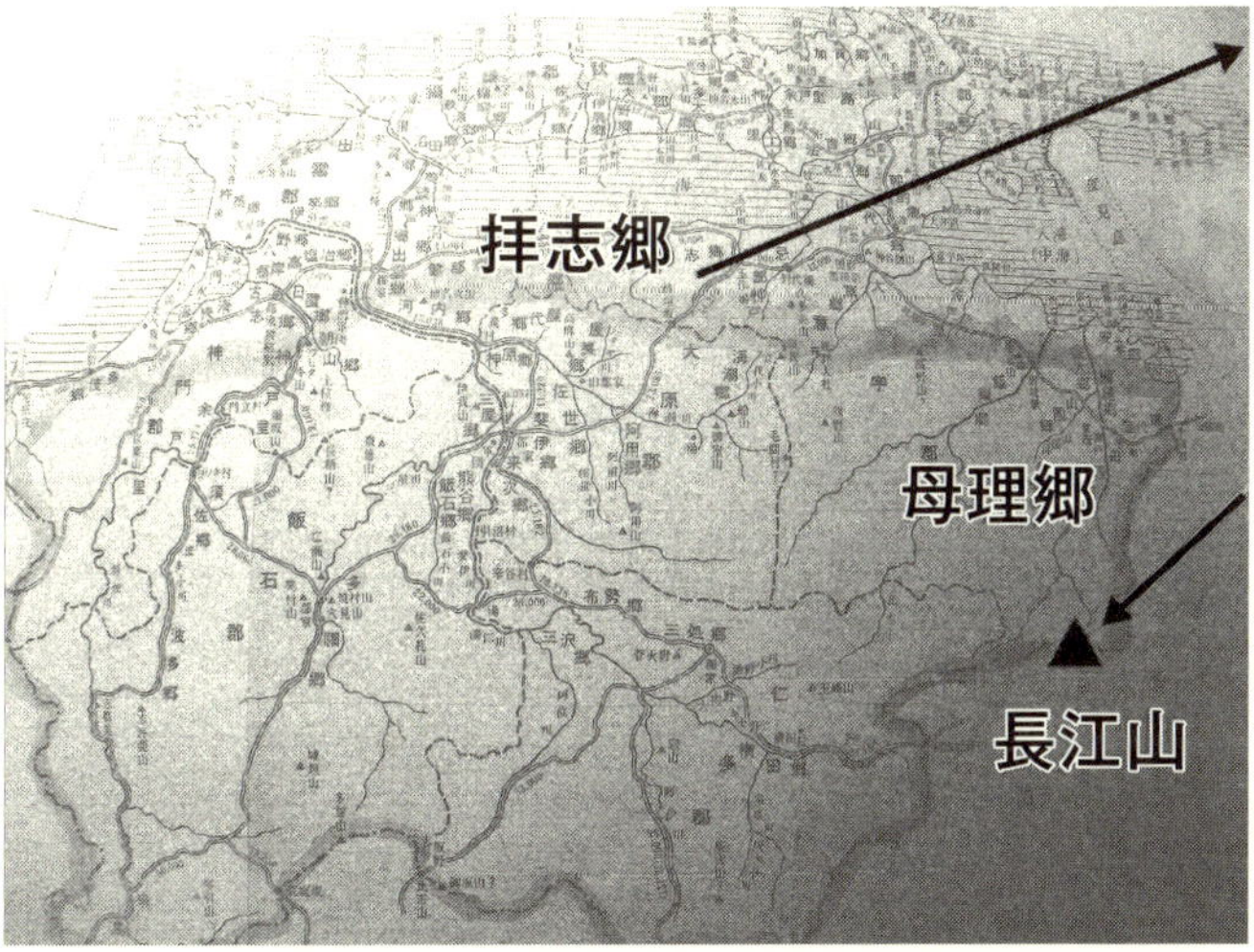

青垣山の山稜の囲む世界（秋本吉郎『風土記』［岩波書店］付図に加筆）

玉作山、高野山（京羅木《きょうらぎ》山・星上《ほしかみ》山）、そして暑垣《あつがき》山へと続く山稜となろう。意宇郡と大原郡の堺に関して『出雲国風土記』は「林垣峰」と呼び、そして「暑垣山」と「垣」を意識した山名がみえるのもその山稜が北方の「青垣」と意識されていた名残と思われる。

大国主神が長江山に戻った時、未だ島根半島はなかったのである。

神話世界と時制

問題は大国主神の「初国出雲」を含む「水穂国」の国造り、次に八束水臣津野命の国引きという時の流れである。『古事記』は大国主神の系譜について次のように説明する。

（スサノヲ命）櫛名田比売《くしなだひめ》を以ちて、久美度邇起《くみどにおこ》して生める神の名は、八島士奴美《やしまじぬみ》神と謂ふ（略）。

八島士奴美神、大山津見《おおやまつみ》神の女、名は木花知流比売《このはなちるひめ》を娶して生める子は、布波能母遅久奴須奴《ふはのもぢくぬすぬ》神。この神、淤迦美《おかみ》神の女、名は日河日売《ひかはひめ》を娶して生める子は、深淵之水夜礼花《ふかぶちのみずやれはな》神。この神、天之都《あめのつ》度閇知泥《どへちね》神を娶して生める子は、淤美豆奴《おみづぬ》神。この神、布怒豆怒《ふぬづぬ》神の女、名は布帝耳《ふてみみ》神を娶して生める子は、天之冬衣《あめのふゆきぬ》神。この神、刺国《さしくに》大神の女、名は刺国若比売《さしくにわかひめ》を娶して生める子は、大国主神、亦の名は大穴牟遅《おほなむち》神と謂ひ、亦の名は葦原色許男《あしはらしこを》神と謂ひ、亦の名は八千矛《やちほこ》神と謂ひ、亦の名は宇都志国玉《うつしくにたま》神と謂ひ、幷せて五つの名あり。

この系譜にみえる「淤美豆奴神（おみづぬ）」は『出雲国風土記』にみえる国引きの神、「八束水臣津野命」と同神とされており、大国主神の祖父神となる。

この系譜は最初に孫・大国主神の「初国出雲」を含む「水穂国」の国造り、次に祖父・八束水臣津野命の国引きという展開は、時の流れに逆行すると見る向きもあろう。

しかし、神の世界については、人間世界とは全く異なる時空が存在することに気がつく必要があるのではなかろうか。

今までの神話研究において、真の神話研究が出来なかったのは、神話世界に歴史の常識を導入していたからである。神話世界の理解に「時制」は必要ないのである。

神には「死ぬ」神と、「死なない」神が存在することをまずはおさえるべきであり、前者はイザナミ命・迦具土命・天若日子などであり、後者はイザナギ命・スサノヲ命・大国主神、そして八束水臣津野命など多くの神が属する。大国主神は今もこの世に生きているのである。

また神の世界には世代がないことも頭に入れ、神話を読み解くことが必要である。スサノオ命と大国主神は系譜上、①八島士奴美神―②布波能母遅久奴須奴神―③深淵之水夜礼花神―④於美豆奴神―⑤天之冬衣神―⑥大国主神となっており、大国主神はスサノヲ命の六世孫の位置づけである。

『古事記』はその「六世」という世代、時代差を認識しながらも平然とスサノヲ命と大国主神を同じ舞台で共演させるのである。八十神に追われた大国主神は母神、「刺国若比売」の助言でスサノヲ命の「根の堅州国」に身を寄せ、そこで「六世」代も前のスサノヲ命に会い、そしてその娘「須世理毘売」を妻にする展開となる。国引きの神、「於美豆奴神」は大国主神の祖父であり、同一時空に存在しても神話的には何ら違和感を起こさせることはないのである。

この不可解な理解を受け止めることが出来なければ神話は理解できないであろう。不思議な流れである。歴史家は神話は歴史ではないとしながら、神話を歴史的にとらえようとし、神話を見殺しにしてきたのではなかろうか。

神は人ではなく、神話は歴史ではない

玉珍置き賜ひて守らむ

長江山の大国主神の宣言、「玉珍《たま》置き賜ひて守らむ」は青垣山の内に「玉」を置いて守るという意志表現である。この長江山周辺には『出雲国風土記』に「長江山　郡家の東南の方五十里なり。水精《すいしょう》あり。」とある通り、長江山北麓の玉山集落付近では水晶が採れたという。また小竹の本郷には大国主神を祀る玉神社が鎮座しており、伝承の広がりと浸透を感じることができる。確かに同地が「玉」、水晶の産地であったことは確かであるが、大国主神が「置」いた「玉」の意は「魂」、それも「守らむ」からすれば自身の「荒魂」なのであろう。

「守る」対象は国譲りを迫る高天原に限定するものではなく、迫りくる八十神だったのではなかろうか。伯耆国界の屋代郷に鎮座の二つの「支布佐社」は意味的には「来塞《きふさ》」と思われ、東からの勢力、神話世界では八十神、歴史世界では大和王権への備えだったのであろう。

では大国主神は青垣山に囲まれた出雲世界のどこに世界のどこに「魂」を置いたのであろうか。

ここで『出雲国風土記』神門郡条に転じてみたい。出雲

朝山郷　郡家の東南のかた五里五十六歩なり。神魂命《かむむすびのみこと》の御子、真玉着玉之邑日女命《またまつくたまのむらひめのみこと》坐しき。その時、天の下造らしし大神、大穴持命、娶《つまど》ひ給ひて、朝毎に通ひましき。故、朝山といふ。

朝山郷は現在、出雲市朝山・稗原《ひえばら》・所原《ところばら》町付近に当たる。「朝山」の名は伝承が語るように大国主神が「真玉着玉之邑日女命」のもとに朝毎に通ってきたことによるという。注目すべきは女神の名が「真玉着玉之邑」である。大国主神が長江山で発した「玉珍置き賜ひて守らむ」の声、その「玉」はこの女神が住む「邑」に置かれたのではなかろうか。その「着く玉の邑」、朝山郷の郷家は神門郡家から「東南のかた五里五十六歩（二七七三メートル）」の地点にあったという。

朝山の地は聖水流れる辺に奇岩を抱くいくつもの山塊がそそり立つ神峡である。『出雲国風土記』神門郡条はその山々について次のように語る。

宇比多伎山《うひたき》　郡家の東南五里五十六歩なり。大神の御屋《みや》なり。
稲積山《いなつみ》　郡家の東南五里七十六歩なり。大神の稲積なり。
陰山　郡家の東南五里八十六歩なり。大神の御陰《みかげ》なり。
稲山　郡家の東南五里一百十六歩なり。大神の御稲種《みいなだね》なり。
桙山《ほこ》　郡家の東南五里二百五十六歩なり。大神の御桙なり。
冠《かがふり》山　郡家の東南五里二百五十六歩なり。大神の御冠《みかがふり》なり。

これらの山を「六神山」と呼んでおこう。六神山はすべて朝山郷内の山と認識されていたことがわかる。それぞれの山の所在地が郡家からすべて「東南」の方角、そして距離が朝山郷家とほぼ同じ、「五里」に集約されている。「宇比多伎山」は朝山郷家と同じ場所とされている。「役所」と「頂《いただき》」が同じということは事実上はあり得ないことであるが、「宇比多伎山」は大国主神の「御屋」と意識されて、まさに大国主神を「いただく」という意味で重ねたのであろう。朝山地域の「邑」首長の居宅と重ね合わせた可能性も高い。

大国主神が自らの「魂」を置いた「邑」、そこに「真玉着玉之邑日女命」と過ごしたであろう「御屋」、そして食糧である稲の蓄え（稲積）、翌年の農耕への準備（稲種）と一定の定着をも意識した表記である。

その点について天明七（一七八七）年に書かれた内山真龍《うちやままたつ》の『出雲風土記解』をひもとくと「宇比多伎山」の項で「杵築以前ノ大神の本宮の所か」としている。その地が出雲大社に鎮座する前の大国主神の居所という鋭い指摘である。

地域の人々は大国主神の勇姿をその山々に見出していたのであろう。「大神の御陰」とは言いえて妙である。その雄姿は「大神の御冠」を被り、「御桙」を手にするものであったと思われる。桙は「玉珍置き賜ひて守らむ」ための武器なのであろう。

なお、「桙山」と「冠山」がともに「東南五里二百五十六歩」とあるのも実際にはありえないが、冠を被り桙を手にした大国主神の姿を思う時、両山への距離が同じとする『出雲国風土記』に感嘆するところである。この六神山の記事には何か他にも神秘的な秘め事があるのかも知れない。すべての山への距離の数値が「六」で終わっているのは何を語っているのであろうか。

朝山郷の世界

朝山郷は第一次国譲り以降の大国主神の鎮座地として位置づけられそうである。その大国主神が鎮座したところは「大神の御屋」とされた「宇比多伎山」である。その宇比多伎山の御屋は当然のこととして「社」なのであろう。

神門郡の神社について『出雲国風土記』は計三十七社の名を挙げている。

美久我《みくが》社　阿須理《あすり》社　比布知《ひふち》社　又比布知社　多吉《たき》社　夜牟夜《やむや》社　矢野《やの》社　波加佐《はかさ》社　奈売佐《なめさ》社
知乃《ちの》社　浅山《あさやま》社　久奈為《くなゐ》社　佐志牟《さしむ》社　多支枳《たきも》社　阿利《あり》社　阿如《あね》社　国村《くむら》社　那売佐社　阿利社
大山《おほやま》社　保乃加《ほのか》社　多吉社　夜牟夜社　同夜牟夜社　比奈《ひな》社　〔以上二十五所。並在神祇官〕
鹽夜《やむや》社　火守《ほもり》社　同鹽夜社　久奈子《くなこ》社　同久奈子社　加夜《かや》社　小田《をだ》社　波加佐社　同波加佐社
多支《たき》社　多支々《たきき》社　波須波社　〔以上十二所。並不在神祇官。〕

奈良の都の神祇官に登録された神社が二十五社、出雲国の国庁の管理下にあった神社が十二社であった。この神社の中で朝山郷内に鎮座していた、あるいは鎮座していたと思われる神社は二社である。

在神祇官社十一番目の「浅山社《あさやま》」は表記こそ異なるが社名からみて朝山郷内に鎮座する、それも「宇比多伎山」の頂の神社であろう。現在も出雲市朝山町の朝山森林公園に「朝山神社」の名で鎮座している。現在は「朝山神社」と公称するが、その社名は『延喜式』神名帳によっている。朝山神社の主祭神は「真玉着玉之邑日女命」であり、配祀神として大国主神が祀られている。

伝承からすれば大国主神の鎮座地であり、出雲大社の千家俊信《せんげとしざね》も内山真龍の「考」を追認し、杵築大社鎮座以前の大国主神の宮とするなど、重要な神社であり、現在も神在祭《かみありさい》においては全国の神々は十月一日から十日までは朝山神社に滞在し、十一日に出雲大社に遷るとされている。境内には新しいものであるが十九社も設《しつら》えてある。その「遷」は神話世界の再現であろうか。

「四郷一山」伝承

朝山神社の祭神が「真玉着玉之邑日女命」であることは嬉しい。朝山郷は大国主神が「朝毎に通ひましき」ところであり、その宿りした「御屋」は「真玉着玉之邑日女命」の屋であった。では大国主神自身は何処に拠点を置き、朝毎に通ってきたのであろうか。

『出雲国風土記』で集中的に大国主神の活動を語るのは出雲郡朝山郷からも近い大原郡である。

神原郷《かんばら》　郡家の正北九里なり。古老の伝へていへらく、天の下造らしし大神の御財《みたから》を積み置き給ひしところなり。すなわち神財《かむたから》郷といふべきを、今の人、猶誤りて神原の郷といへるのみ。

屋代郷　郡家の正北一十里一百一十六歩なり。天の下造らしし大神の垜《あむづち》を立て、射たまひしところなり、故、矢代といふ。（神亀三年、字を屋代に改む。）即ち正倉あり。

屋裏郷《やうち》　郡家の東北のかた一十里一百一十六歩なり。古老の伝へていへらく。天の下造らしし大

神、矢を殖《た》てしめ給ひし処なり。故、矢内と
いふ。（神亀三年、字を屋裏と改む。）
来《き》次《すき》郷　郡家の正南八里なり。天の下造らし
し大神の命、詔りたまひしく、「八十神は青
垣山のうちに置かじ」と詔りたまひて、追い
はらひたまふ時に、ここに迨次《きすき》ましき。故、
来次といふ。

城《き》名《な》樋《び》山　郡家の正北一里一百歩なり。天の
下造らしし大神、大穴持命、八十神を伐たむ
として城を造りましき。故、城名樋といふ。

ここにみえる神原・屋代・屋裏・来次の郷は
大原郡の中枢を占める郷であり、四郷はほぼ隣
接している。城名樋山はその諸郷の中心に所在

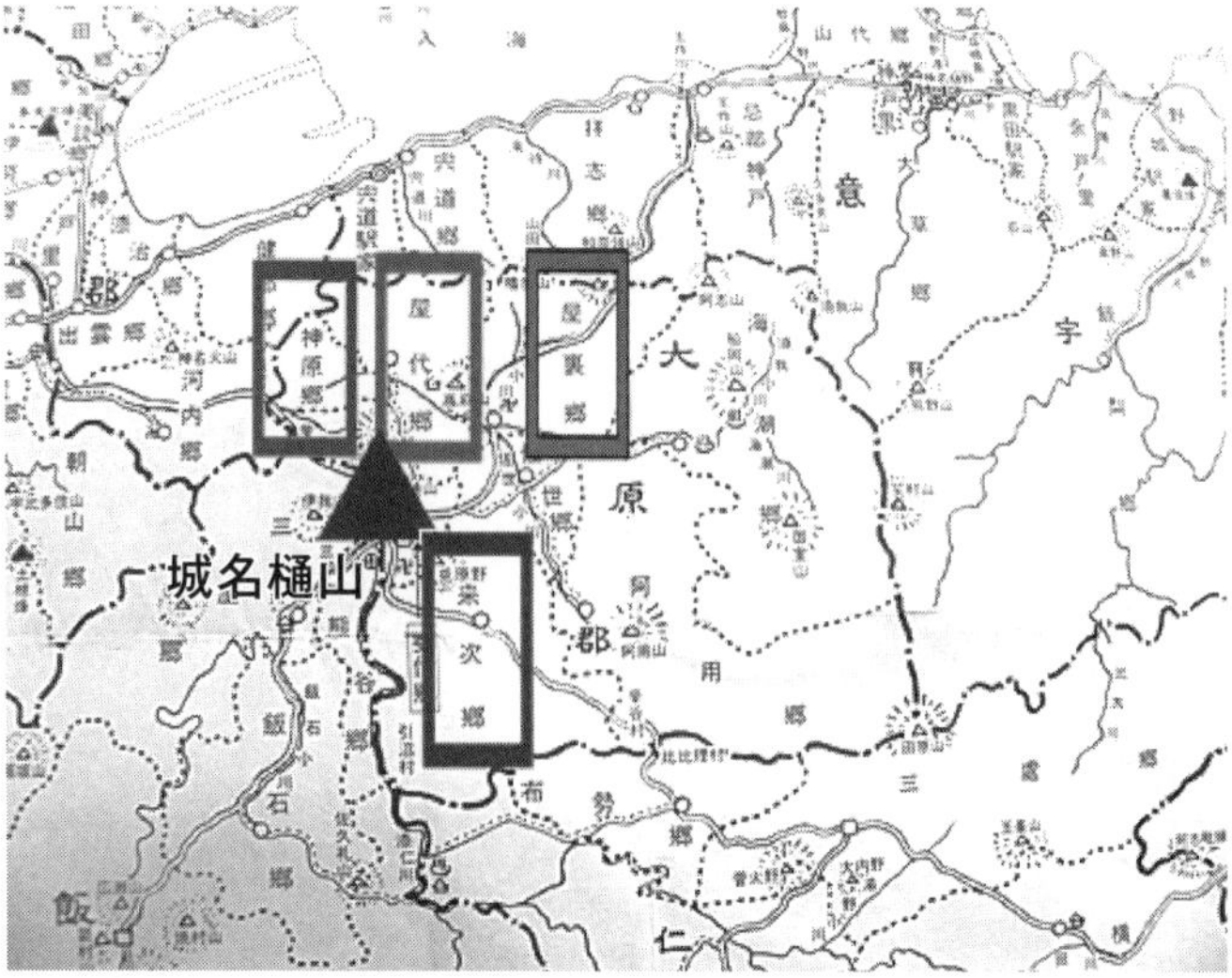

「四郷一山」伝承地図（加藤義成『校注出雲国風土記』要図に加筆）

し、斐伊郷に位置した大原郡家から真北に望める山である。

この大国主神の伝承を「四郷一山」伝承と名づけておこう。この伝承群は本来、「天の下造らし大神」、大国主神に関する一括伝承だったのであろう。そこで注目されるのは敵対者が「八十神」とされていることである。その「八十神」は先に触れた『古事記』の「兄弟、八十神」に重なるものであり、流れからみてこの「四郷一山」神話は『古事記』の八十神の大国主神迫害神話の後日譚《ごじつたん》という位置づけを与えることができよう。実に『古事記』と『出雲国風土記』は二人三脚のように大国主神の神話を伝えているのである。

郷の位置は、北から神原・屋代・屋裏・木次と並び、『出雲国風土記』の郷名立項も同じ順番である。伝承の流れと郷の位置を踏まえて大国主神の動向を再現するならば、本拠地を「神原」とし、「城名樋山」に城を構え、屋代・屋裏郷では兵器を蓄え、木次郷では実際に北から南へと「八十神」と抗争した、という流れを見出すことができる。

では何故、この「四郷一山」地域に大国主神は北陸、「越」から戻ってきたのであろう。実は「四郷一山」の北側に大国主命がかつて普通の生活をしていた地域があったのである。それは「神原郷」の北に大国主神の故郷、意宇郡宍道郷があった。

第六章　国引神話から国縫神話へ

国引神話の最初の舞台

『出雲国風土記』意宇郡母理郷条にみた第一次国譲り、天穂日命と大国主神は条件つきで折り合った。その条件と国譲りにおいて出雲国は除外するというものであった。しかし、その時点の出雲国は未だ国引きで国土拡張される以前の「初国出雲」であった。

考えてみよう。現・出雲大社の鎮座地、島根半島はなかったのである。出雲大社の創建は完全なる国譲りの代償であることは大方の知るところである。第一次国譲りと最終国譲りとの時空の間には島根半島の創出、「国引き」という大事業が不可欠だった。

大国主神の「水穂国」の国造りは、八十神との抗争、また高天原勢力の国譲り要求という厳しい環境の中でなされてきた。大切な出雲も『出雲国風土記』が語るには「八雲立つ出雲の国は狭布《さふ》の稚国《わかくに》なるかも、小さく作らせり」という失敗作であった。大国主神は『古事記』によれば「吾独《ひとり》して何に能《よ》くこの国をえ作らむ」と悩む神であった。

大国主神の祖父神、八束水臣津野命《やつかみずおみつののみこと》は大国主神の国作りの不備を嘆き、「小さく作らせり。故、作り縫はな」と雄大な大地縫合の事業の開始を宣言する。それが『出雲国風土記』の冒頭を飾る八束水臣津野命の国引神話であり、古代文学発祥期の雄大な作品である。リズミカルに力強く流れる詞章は心に響いてくる。

①意宇《おう》と号《なづ》くる所以《ゆゑ》は、国引きましし八束水臣津野命詔《の》り給はく、「八雲立つ出雲国は、狭布《さぬの》の稚《わか》国《くに》なるかも。初国小さく作らせり。故《かれ》、作り縫はな」と詔りたまひて、

②「栲衾志羅紀《たくぶすましらぎ》の三崎を国の余りありやと見れば、国の余り有り」と詔りたまひて、童女《をとめ》の胸すき取らして、大魚《おふを》のきだ衝き別けて、はたすすき穂振《ほふ》り別けて、三身《みつみ》の綱うち挂《か》けて、霜黒葛《しもつづら》くるやくるやに、河船のもそろもそろに、国来々々《くにこくにこ》と引き来縫《きぬ》える国は、去豆《こづ》の折絶《をりたえ》より、八穂爾支《やほにき》豆支《づき》の御埼なり。かくて、堅め立てし加志《かし》は、石見《いはみ》国と出雲国との堺なる、名は佐比売《さひめ》山、これなり。亦、持ち引ける綱は、薗《その》の長浜、これなり。

③亦、「北門《きたど》の佐伎《さき》国を、国の余りありやと見れば、国の余りあり」と詔りたまひて、童女の胸すき取らして、大魚をのきだ衝き別けて、はたすすき穂振り別けて、三身の綱うち挂けて、霜黒葛

くるやくるやに、河船のもそろもそろに、国来々々と引き来縫へる国は、多久《たく》の折絶より、狭田《さだ》国、これなり。

④亦、「北門の裏波《うらは》国を、国の余りありやと見れば、国の余りあり」と詔りたまひて、童女の胸すき取らして、大魚のきまだ衝き別けて、はたすすき穂振り別けて、三身の綱うち挂けて、霜黒葛くるやくるやに、河船のもそろもそろに、国来々々と引き来縫へる国は、宇波《うは》の折絶より、闇見《くらみ》国、これなり。

⑤亦、「高志《こし》の都都《つつ》の三埼を、国の余りありやと見れば、国の余りあり」と詔りたまひて、童女の胸すき取らして、大魚のきだ衝き別けて、はたすすき穂振り別けて、三身の綱うち挂けて、霜黒葛くるやくるやに、河船のもそろもそろに、国来々々と引き来縫へる国は、三穂の埼なり。持ち引ける綱は、夜見《よみ》島なり。堅め立てし加志は伯耆《ははき》国なる火神《ひのかみ》岳、これなり。

⑥「今は国は引き訖《を》へつ」と詔り給ひて、意宇の杜《もり》に御杖《みつえ》衝き立てて、「意恵《おえ》」と詔り給いき。故、意宇《おう》と云う。謂はゆる意宇の杜は、郡家の東北の辺、田の中にある墪《てこやま》、是なり。周り八歩ばかり、その上に一つ以て茂れり。

この詞章というべきもの、リズムを感じさせるのは四回の国引きに合わせて繰り返される「童女の胸すき取らして、大魚のきだ衝き別けて、はたすすき穂振り別けて、三身の綱うち挂けて、霜黒葛くるやくるやに、河船のもそろもそろに、国来々々と引き来縫へる国」であろう。少女の胸のような鋤で、大きな魚のエラを突き切るように、豊かな稲穂を振り分けるように（大地を切り離し）、三つ編みの綱を掛け、霜枯れ黒葛を「くるや・くるや」と手繰りよせ、河船を「もそろ・もそろ」と引き、「国よ来い・国よ来い」と引きつけ、縫い出来た国という意である。

「くるやくるや」「もそろもそろ」は古代出雲びとの「生」の表現である。「くるやくるや」は綱をクルクルと回しながら手繰る行為であり、「もそろもそろ」はそろりそろり、スムーズにゆっくりと引くということであろう。

宍道湖と中海で内陸部から切り離されているようにみえる島根半島は、遠く志羅紀（朝鮮半島）、二つの北門（隠岐の島前・島後）、高志（能登半島）の余った土地を「国来々々（国来い・国来い）と引き来縫へ」て成立したというのである。その際に使った綱が薗の長浜と弓ヶ浜半島、結びつけた「加志（かし・杭）」が三瓶山と伯耆大山という雄大なパノラマ的な構想である。

しかし、詞章を味わいながら読み込んでいくと、単に四回の国引きではなさそうである。一般に「国引き」という言葉が独り歩きしているが、最初の「国引き」と以降では大いに異なっていたのである。

最初の国引きの対象は「栲衾志羅紀の三崎」であった。問題は「国引き」しても固定しない限り、海に浮かぶ土塊に過ぎず、大地拡大するためには本土に固定する事業が不可欠であった。その事業が実は埋没していた「国来々と引き来縫へる国」の「縫」う行為であった。

国「縫」い伝承

では「杵衾志羅紀の三崎」から国引きした土塊を何処で「縫」い付けたのであろうか。

ここで注目されるのが『出雲国風土記』出雲郡条の「伊努《いぬ》郷」伝承である。

伊努郷　郡家の正北八里七十二歩なり。国引きまし意《お》美豆努命《みづぬのみこと》の御子、赤衾伊努意保須美比古佐倭気能命《あかぶすまいぬおほすみひこさわけのみこと》の社、即ち郷の中に坐す。故、伊農《いぬ》といふ。神亀三年、字を伊努と改む。

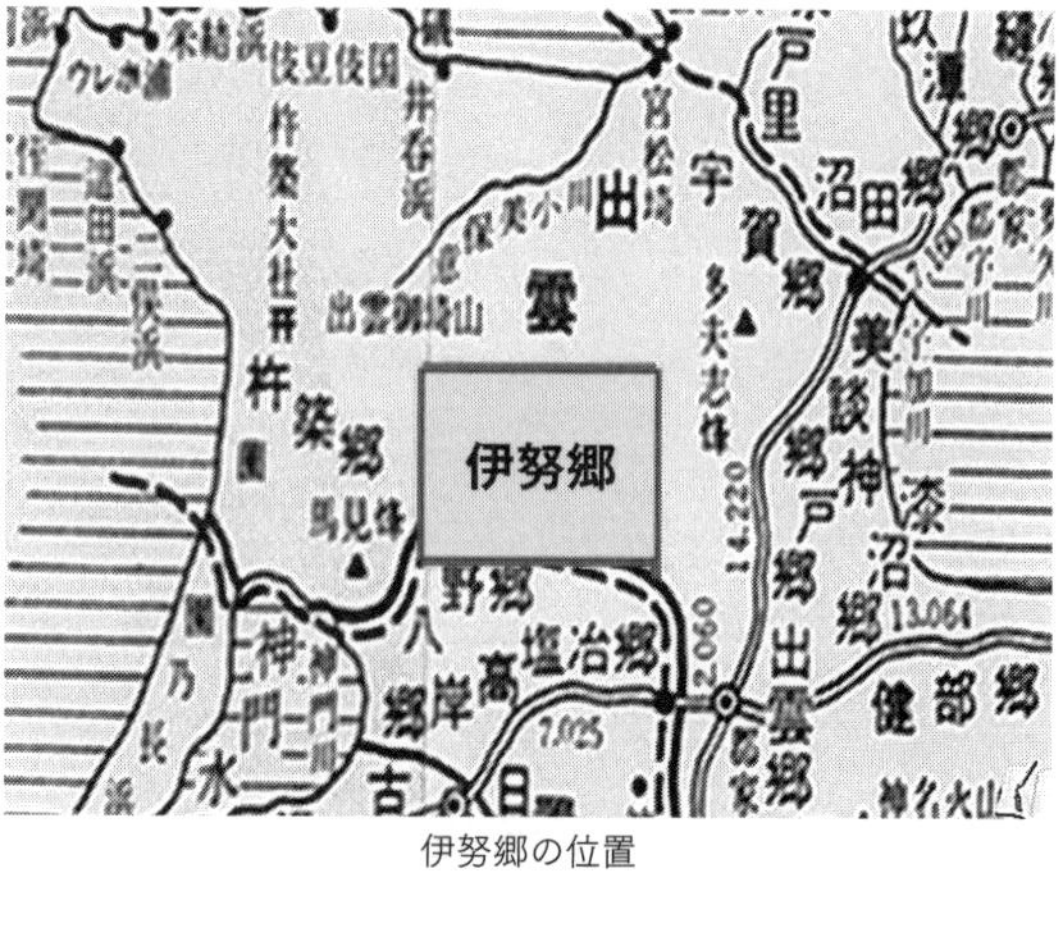

伊努郷の位置

伊努郷は出雲郡家の「正北」の「八里七十二歩」の地であった。出雲大社の東、現在の出雲市林木《はやしぎ》付近を中心とする郷であった。それを物語るように西林木の集落内に伊努神社が鎮座している。さらにそれを証明するように平成十四（二〇〇二）年に発掘された東林木の青木遺跡からは「伊努」という文字を墨書した土器が出土している。

『出雲国風土記』の時代を想定した地図、ここでは岩波書店の『風土記』の付図「出雲国風土記地図」を示すが、伊努郷は島根半島を半島とする「入海（宍道湖）」と「神門水海」の間にあり、まさに「去豆の折絶より、八穂爾支豆支の御埼」を本土に「縫」い着けた地域であることが理解できるであろう。

史料の語りの深さは地図も超えて語りかけてくる。国の余りと言われた地、「栲衾志羅紀の三崎」、そこは「志羅紀」、新羅である。その「しらぎ」に係る枕詞《まくらことば》が「栲衾」、「たくぶすま」である。「栲《たく》」は楮《こうぞ》であり、その花の白さから枕詞として「しろ・しら」にかかることが多く、『古事記』では「栲綱《たくつな》の白き腕《ただむき》」、『万葉集』でも「多久《たく》づのの白髪の上ゆ」など多用されている。「栲衾」、「衾」とは布団であるから白い布団ということになる。

出雲郡伊努郷伝承の主人公「赤衾伊努意保須美比古佐倭気能命」は国引きの神「意美豆努命」の御子神である。そこに古代びとの神話構成の凄さが見え隠れする。「国引き」して「縫い」合わせた地、「伊努」にかかる枕詞が「赤衾」であり、「栲衾」、すなわち白を赤に変えているのである。「意保須美」は「大洲見」であろうといわれている。斐伊川の運ぶ土砂の堆積で「去豆の折絶より、八穂爾支豆支の御埼」は本土とつながったというのであろうか。

そして更に国引き、国縫いした「去豆の折絶より、八穂爾支豆支の御埼」の地を固定、安定化するため、国引きに使用した「三身の綱」を陸側の三瓶山を「杭」として結び付けるのである。ところが『出雲国風土記』をみるとそれは単なる「杭」ではなく「加志（かし）」と表現されている点が気になる。「かし」とは船を陸地につなぐための特殊な「杭」である。あえてここで「かし」という言葉を用いたのは島根半島自体を船に見立てていた証である。

伊努郷が国引きで重要な拠点であるのは、そこで本土、『出雲国風土記』がいう「初国出雲」と「国縫」いされたからである。詞章を読めばわかるが、以後の国引きされた土塊は本土とは直接「国縫い」されていないのである。

浮遊する国々

二度目の国引き、対象地は「北門の佐伎国（島前）」であるが、「国来々々と引き来縫へる国」、すなわち「多久の

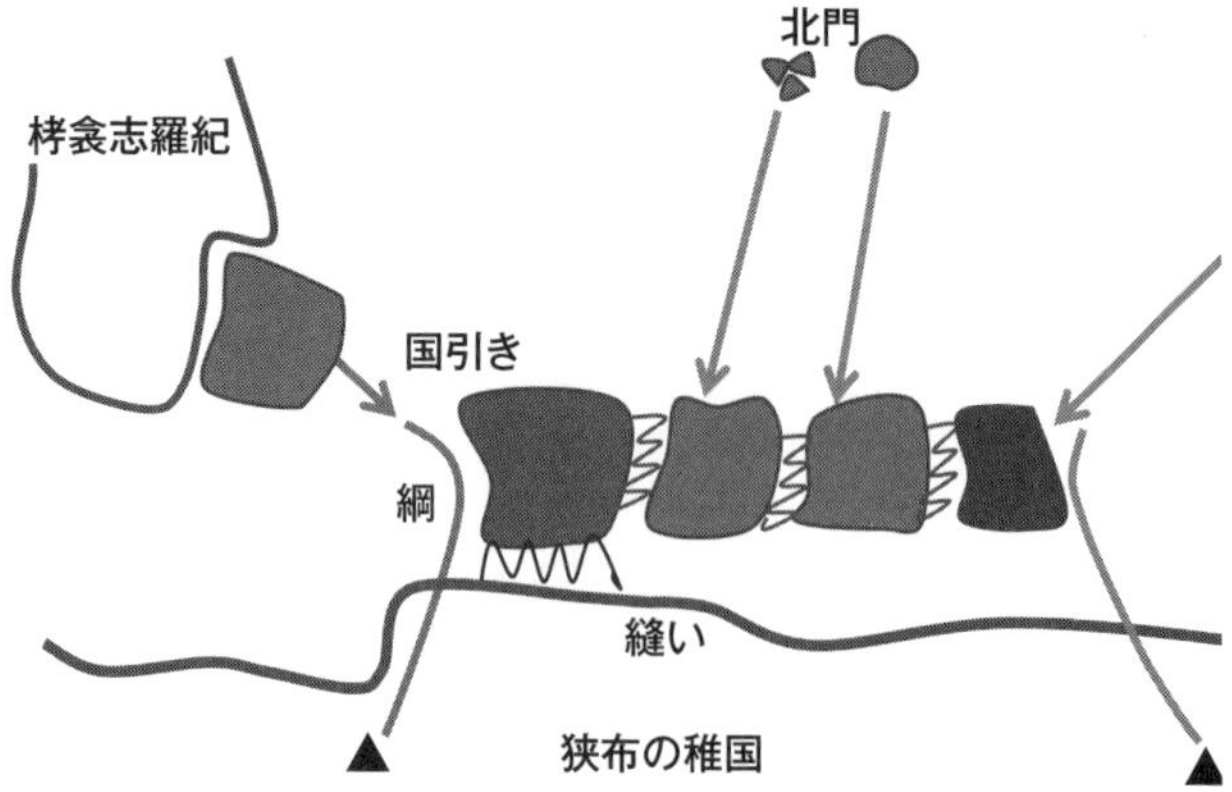

「国縫い」「国引き」の図

折絶より、狭田国」はどこに「縫い」つけたのであろうか。地図をみれば明らかのように本土、「初国出雲」ではなく、最初の国引きの土塊である「去豆の折絶より、八穂爾支豆支の御埼」であった。また国引きに使用した綱は新たな綱であり、それは三度目、四度目の国引きにも使いまわしされるのである。

三度目の国引き対象地、「北門の裏波国（島後）」を「国来々々と引き来縫へる国」、すなわち「宇波の折絶より、闇見国」はどこに縫いつけたのであろうか。縫いつける土塊は第二回目の国引き地である「多久の折絶より、狭田国」であった。

四度目の国引き対象地、「高志の都都の三埼」を「国来々々と引き来縫へる国」、すなわち「三穂の埼」はどこに縫いつけたのであろうか。縫いつけた土塊は第三回目の国引き地である「宇波の折絶より、闇見国」であった。

四度の国引きで島根半島の姿は目に見えるようになったが、実は「初国出雲」、すなわち本土側に縫いつけられているのは最初の「去豆の折絶より、八穂爾支豆支の御埼」だけであり、以後の国引き地は次々と縫い合わせたものであり、海上を浮遊する不安定なものであった。

八束水臣津野命はその浮遊性を回避するために「持ち引ける綱は、夜見島なり。堅め立てし加志は伯耆国なる火神岳、これなり」とあるように「火神岳」、伯耆大山を「加志」として結び付けたのである。ここに国引きが完成するのである。しかし、「国引き出雲」の地、島根半島は西の「佐比売山」、東の「火神岳」を「加志」として係留された船であり、未だ浮遊している状態なのである。

謎の言葉「島根」

国引き後に不思議な言葉が八束水臣津野命の口から発せられたらしい。『出雲国風土記』島根郡条にその言葉は残る。

島根と号くる所以は、国引きましし八束水臣津野命の詔りたまひて、名を負《おほ》せ給ひき。故、島根といふ。

国引きを終えた八束水臣津野命が発した言葉により「島根郡」の名前がついたというのである。しかし、何故かその大切な八束水臣津野命が発した言葉がみえない。

「島根」とは何であろうか。『万葉集』四四八七の歌、「いざ子ども　たはわざなせそ　天地の　堅めし国ぞ　大和島根は（さあ、お前たち　たわけた真似をするんではない　ここは神々が造り固めた国なのだこの大和の国は）」にみえる「大和島根」が気になる。

この「大和島根」は訳のように「大和」「島根」ではなく、「大和島」＋「根」である。「根」は磐根・山根・屋根・羽根・垣根など本体と、または深く土地と結びつく言葉であり、『万葉集』三六八八番歌にみえる「秋去らば　帰りまさむと　たらちねの母に申して　時も過ぎ　月も経ぬれば　今日か来む　明日かも来むと　家人は　待ち恋ふらむに　遠の国　いまだも着かず　大和をも　遠く離りて　岩が根の　荒き島根に　宿りする君」の「岩が根」「島根」の用法に通底するものである。『出雲国風土記』島根郡条では意図して言葉を入れなかったのか、その部分が脱落したのかは不明であるが、国引き後も浮遊していた島根半島を何らかの方法で海底にしっかりした根を打ち込んだという言葉があったと思われる。

　国引き、国縫いの神、八束水臣津野命の最終の鎮座の神社については明確にここで語ることはできない。しかし八束水臣津野命を祭神として祀る神社が今もいくつか確認できる。

　出雲市の長浜神社、斐川町の富《とび》神社、湖陵町の国村《くむら》神社がそれである。なぜか三社とも出雲国の西部に片寄っていることに気がつく。八束水臣津野命の島根半島全体にかかわる活動を考えた時、それが何を語っているか興味を湧きたたせる。

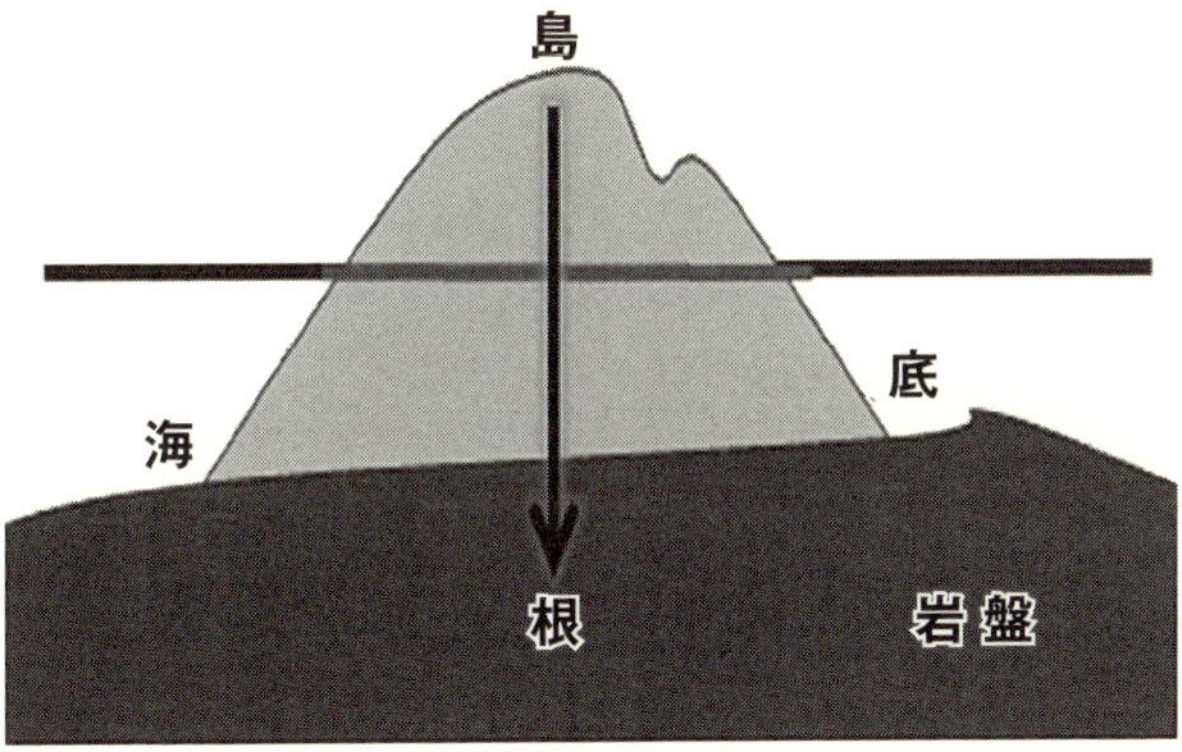

「島根」の由来

この三社の中で風土記にそのままの名をみせるのは「国村社」だけである。ただし、長浜神社は国引きに使った綱である「薗の長浜」の砂丘上、国村神社は「薗の長浜」の延長線上に鎮座している点には注意しておきたい。

さらに付け加えると、今までほとんど俎上に載らなかった神社として神門郡筆頭社「美久我社」、『延喜式』の「彌久賀神社」がある。「みくが」とは「御＋陸（くが）」と思われる。各郡の筆頭社といえば意宇郡が熊野大社、秋鹿郡が佐太神社、出雲郡が杵築大社、飯石郡が須佐神社と錚々たる神を祀る神社である。彌久賀神社、現在、祭神は天之御中主之神であるが、鎮座地がちょうど、国引きの「薗の長浜」の南端に当たっていることを勘案すれば、本来は八束水臣津野命であった可能性は非常に高いといえよう。

三社、否、四社が西に偏在している事実は国引きが西からなされたこと、そしてその地域こそ「初国出雲」が島根半島・「国引出雲」と「縫」いつけられた地であることを物語っているのであろう。

第七章　神話の狭間、天若日子の神

神々の時空の流れ

出雲の宍道地域を生誕地とした大国主神は「水穂国」の国造りに向けて意宇郡の「拝志郷」から「越国」へ遠征し、八十神と抗争しながらスサノヲ命の「根の堅州国」を経て、出雲国意宇郡の母理郷の長江山に戻り、高天原から派遣されて屋代郷に坐した天穂日命と交渉を行い、出雲の地は自らの国として、青垣を廻らし、他の地の国譲りに合意した。

その後、大国主神は神門郡朝山郷の「真玉着玉邑比売」の下に通い、本拠を大原郡に移し、迫る八十神と戦って勝利したという。

そういう中、大国主神の祖父神・八束水臣津野命は大国主神の出雲国、「初国出雲」に問題を感じ、「北海」を眺め、遠くから地塊を四回に分けて国引き、そして国縫いし、島根半島を含む出雲国の造成に成功したのである。

高天原はそういう「水穂国」の神の歴史を知ることはなかった。それは高天原の「高御産巣日神、天照大御神」の『古事記』にみえる次の言葉から知ることが出来るだろう。

高御産巣日神、天照大御神、亦諸の神たちに問ひたまひしく、「葦原中国に遣はせる天菩比神、久しく復奏せず。亦何れの神を遣はさば吉《よ》けむ」ととひたまひき。

派遣され、三年余にわたり大国主神と究極の「国譲り」交渉を展開し、第一次国譲りという一定程度の成果を上げた天穂日命の活躍に関しても「天菩比神（天穂日命）を遣はしつれば、乃ち大国主神に媚びつきて、三年に至るまで復奏《かへりごともう》せざりき」という認識であった。

高天原の国土経営の方針は「豊葦原之千秋長五百秋之水穂国は、我が御子、正勝吾勝勝速日天忍穂耳命の知らす国」というものであり、「水穂国（今的にいえば日本列島）」はすべて天照大神の子供、そして子孫（天皇家）が統治すべきであり、例外は認めないというものであった。

天若日子の死と聖地

三年余の間、天穂日命の報告を待った天照大神であったが、しびれを切らし、再び神議を行い、次の使者の選定を行った。『古事記』はその場面を次のように語る。

ここを以ちて高御産巣日神、天照大御神、亦もろもろの神たちに問ひたまふ、「葦原中国《あしはらのなかつくに》に遣はせる天菩比神、久しく復奏さず。亦何れの神を使はさば吉けむ。」ととひたまひき。ここに思《おもひ》金神《かねのかみ》、答へ白す、「天津国玉神《あまつくにたまのかみ》の子、天若日子《あめのわかひこ》を遣はすべし。」とまをす。故ここに天之麻迦古《あめのまかこ》弓《ゆみ》、天之波波矢《あめのははや》を天若日子に賜ひて遣はしき。是に天若日子、その国に降《あも》り到りて、即ち大国主神の女《むすめ》、下照比売《したてるひめ》を娶《めと》し、またその国を獲むと慮《はか》りて、八年《やとせ》に至るまで復奏《かへりごともう》さざりき。

二番目の使者は思慮深い思金神の提言で天津国玉神の子、天若日子となった。天照大神は天若日子に弓と矢を授け、葦原中国（水穂国）に派遣した。天若日子は葦原中国に降り、大国主神との交渉に臨んだのであろう。しかし、こともあろうか大国主神の娘、下照比売と結婚し、その旨の報告もせず八年余の時を経たというのである。

ここで気になるのは天若日子は葦原中国の何処に降りて、大国主神に接触したかである。因みに第三回目の使者である「建御雷之男神《たけみかづちのをのかみ》」（『古事記』）らは「出雲国の伊那佐《いなさ》の小浜」に降り、大国主神と交渉していることを勘案すると、天若日子の場合もその付近となりそうである。

復奏しない天若日子の行動に疑問を持った高天原は、天若日子を問いただすために使者「雉、名は鳴女《なきめ》」を遣わすことにした。

鳴女、天より降り到りて、天若日子の門なる湯津楓《ゆつかつら》の上に居て、つぶさに天つ神の詔りたまひし命の如く言ひき。ここに天佐具売《あめのさぐめ》、この鳥の言ふことを聞きて、天若日子に語りて言ひけらく、「この鳥は、その鳴く音甚悪《こゑいとわる》し。故、射殺すべし。」と云ひ進むれば、即ち天若日子、天つ神の賜へりし天之波士弓、天之加久矢を持ちて、その雉を射殺しき。ここにその矢、雉の胸より通りて、逆《さかしま》に射上げらえて、天安河の河原に坐す天照大御神、高木神の御所《みもと》にいたりき。この高木神は、高御産巣日神の別の名ぞ。故、高木神、その矢を取りて見たまへば、血、その矢の羽に著けり。ここに高木神、「此の矢は、天若日子に賜へりし矢ぞ」と告りたまひて、即ち諸の神等に示せて詔りたまふ、「もし天若日子、命《みこと》を誤《あやま》たずに悪しき神を射つる矢の至りしならば天若日子に中《あた》らざれ。もし邪《きたな》き心有らば、天若日子に此の矢にまがれ。」と云ひて、その矢を取りて、その矢の穴より衝《つ》き返し下したまへば、天若日子が朝床《あさどこ》に寝《いね》し高胸坂《たかむねさか》に中《あた》りて死にき。

[概略] 使者泣女は降りて天若日子の家の門の木の上から問いただしたところ、その声を聞いた天佐具女が、泣女の声をけなし、天若日子に射殺すべきと勧め、天若日子は天照大神から賜与された弓矢で射ったところ、矢は泣女を射通し、高天原まで届いた。血の付いた矢に異変を感じた天照大神は「返し矢」をしたところ寝ていた天若日子の胸に当たり、天若日子は死んだ。

ここでこの天若日子伝承に古代における婚姻形態を重ね合わせてみたい。日本神話が形成された頃の婚姻形態は『古事記』『万葉集』などが語るように夫が妻の下に通う妻問婚《つまどいこん》であった。大国主神が朝山郷の真玉着玉之邑比売の下に朝毎に通ったというのはその事例である。

当時の妻問婚の下における家族の居住形態はどのようなものであったろうか。

ここで平安時代初めに薬師寺僧・景戒《けいかい》がまとめた仏教説話集『日本霊異記』の中巻三十三話をのぞいてみたい。

大和国十市《とをち》郡菴知《あむち》村の東の方に、大きに富める家あり。姓は鏡作造《かがみつくりのみやつこ》なり。一人の女子《むすめ》あり。名を萬《よろず》の子といふ。未だ嫁《とつ》がず。未だ通《かよ》はず。面容《かほ》端正《きらきら》し。（略）人ありて伉儷《よば》ひ、いそぎ物を送る（略）兼て近づき親しみ、語に随ひて許可《ゆる》し、閨《ねや》の裏《うち》に交《まじは》り通ふ。その夜、閨の内に、声ありていはく「痛や」といふこと三遍《みたび》なり。父母聞きて、相談《あいかた》ひて「未だ效《なら》はずして痛むなり」といひて猶寝《い》ぬ。明日《あくるひ》晩く起き、家母《いへとじ》戸を叩きて、驚かし喚《よ》べども答えず。怪《あや》しびて開きみれば、ただ頭《かしら》と、一つの指を残し、自余は皆噉《くら》はる。

［概略］未だ独身、そして処女であった美人の金持の家の娘がいた。男が夜這いして、閨（寝屋）で結ばれた。夜に娘の「痛い」という声を両親は聞いていた。朝、母親が娘の閨に行き、起そうとすると、

娘は殺され、遺体は頭と指一本であった。

この伝承は聖武天皇の時代の出来事とされている。ここで注目したいのはこの鏡作造の家族関係である。登場人物は三人で両親と独身の娘である。その居住建物は両親の住む母屋と娘が夜に居住する「閨」である。「閨」は「ねや」と読み、意味的には「寝屋」である。「閨」は、朝に母親が戸を叩いていることを勘案すると明らかに別棟であり、夜に娘の「痛い」という声が聞こえたということは母屋に近いところにあったことがわかる。

天若日子が下照比売の下に通ったのはやはり「閨」であり、それは親神の大国主神が居住する母屋の近くであった。そして天若日子が「返し矢」で死んだ「朝床」もその「閨」だったのであろう。

天若日子の葬式

天若日子の葬式に関する『古事記』の記述は詳細である（修飾的部分は略す）。

天若日子の妻、下照比売の哭《な》く声、風とともに響きて天に到りき。天若日子の父、天津国玉神及びその妻子聞きて、降り来て哭き悲しみて、そこに喪屋《もや》を作りて（略）日八日夜八夜《ひやかよや》を遊びき。この時、阿遅志貴高日子根神《あぢしきたかひこねかみ》到りて、天若日子の喪を弔《とぶら》ひたまふ時に天より降り到つる天若日子の父、またその妻、皆哭きて云ひしく、「我が子は死なずてありけり。我が君は死なずて坐しけり」と云ひて手足に取り懸《かか》りて哭き悲しみき。その過《あやま》ちし所以は、この二柱の神の容姿《かたち》、甚能《いとよ》く相似たり。故、これを以て過ちき。ここに阿遅志貴高日子根神、大く怒りて曰ひしく「吾は愛《うるは》しき友なれこそ弔ひ来つれ。何とかも吾を穢《きたな》き死《しに》人《びと》に比《くら》ぶる。」と云ひて、御佩《みはか》せる十掬剱《とつかつるぎ》を抜きてその喪屋を足以て蹶《け》り離《はな》ち遣《や》りき。こは美濃《みの》国藍見《あゐみ》河の河上の喪《も》山《やま》ぞ。

　ここに登場する天若日子の妻、「下照比売」、そして天若比子の「愛しき友」である「阿遅志貴高日子根神」はともに大国主神の子であり、兄妹の関係である。その「阿遅志貴高日子根神」を祀った神社、『出雲国風土記』出雲郡にみえる「阿《あ》受《ず》伎《き》社」の系譜を引く阿須伎神社は出雲大社の東二キロ余の遙堪《ようかん》、そして「下照比売」を祀った神社、『出

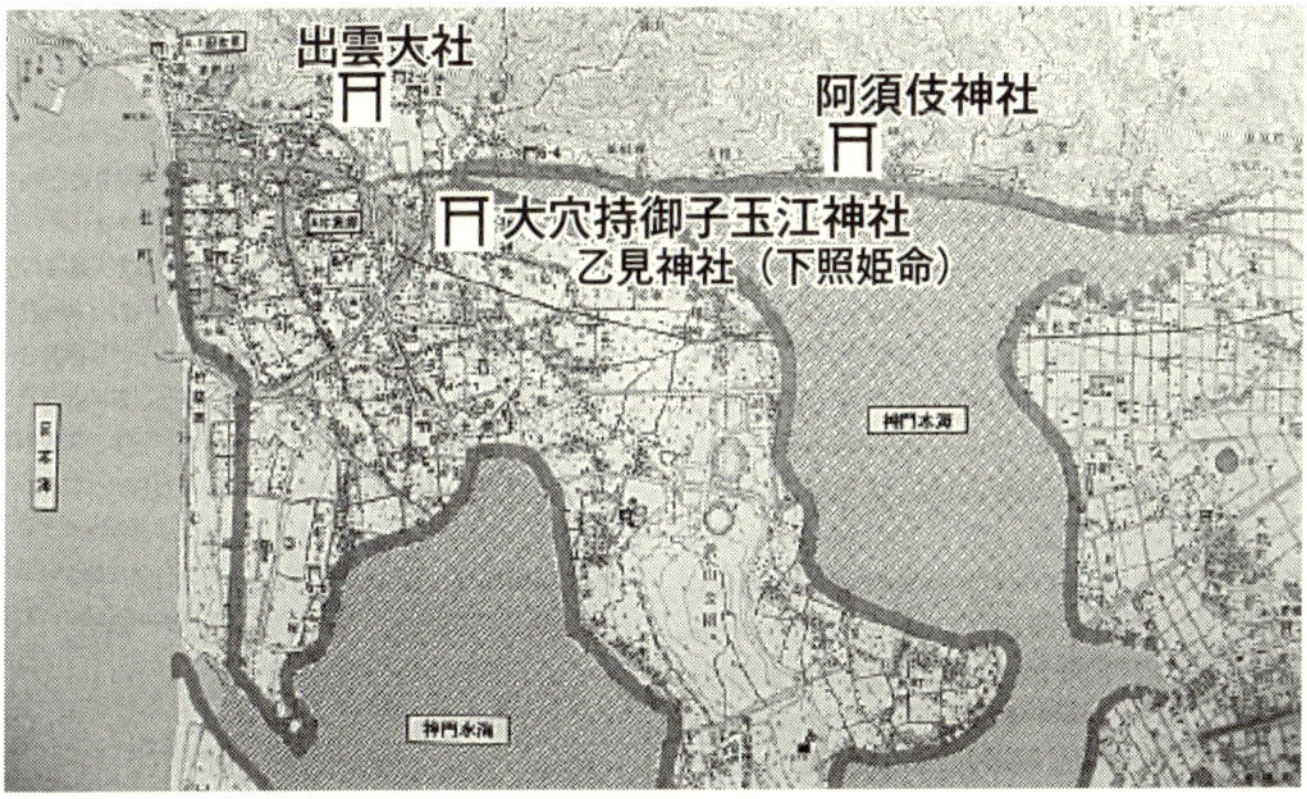

出雲大社聖地地図

雲国風土記』にみえる「企豆伎社《きづきしゃ》」の系譜を引くと思われる乙見神社は揺れ動きながらも今、出雲大社のおひざ元の修理免、そして兄を祀る阿須伎神社の近く入南《にゅうなん》に鎮座している。

その千三百年の時の流れを経ても子神の「阿遅志貴高日子根神」「下照比売」が鎮座する空間は親神、大国主神の鎮座地を暗示しているのではなかろうか。

大国主神の聖域

この「阿遅志貴高日子根神」は先に『出雲国風土記』神門郡高岸郷、また仁多郡三沢郷条に姿をみせた「阿遅須枳高日子命《あぢすきたかひこのみこと》」と同神である。当時、幼き頃は口が不自由で泣いてばかりいて父親の大国主神を困らせていたが、障害が消えた後は大国主神一家の中で成長していたことが描かれている。

ここでは死人の天若日子と間違われ、激怒して喪屋を遠く美濃国まで蹴飛ばしたとみえるが、その粗野な行動は単に感情的なものであったのであろうか。

大国主神の家族の聖地、それは後に出雲大社の聖地の四至《しいし》として確定していくが、そこは殺生の禁断の地であった。

その出雲大社の聖地とは西は幕島、北は鷺浦、東は関屋、南は湊川の「方二里」の範囲という。その四至で気になるのは東側の「関屋」である。中世、天文年間（一五三二～五五）以降、その「関屋」は「菱根関屋」「関屋の松」などと呼ばれており、現在の菱根稲荷神社付近と思われる。すでに名所の「関屋の松」は姿を消したが、天平古道に入ると関屋の地蔵が祠の中に座し、その故地を今なお聖地のお守りをしているようである。

　なお、菱根は古代の「神門水海」の名残であった「菱根池」の所在地であった。今はその名残もないが、出雲国造の死去、代替わりに際して、新国造が熊野大社で火継の神事で神火を相続すると、死去した国造は裏門から赤牛にのせ運び出し、菱根池に水葬されたと伝えられている。国造の遺体を聖地の外に運び出すという意識があったのであろう。

　大国主神の後継神は信仰上存在しないと思料《しりょう》するが、神話世界では多くの御子神が知られており、男神では国譲りに際して大国主神が諮った事代主神《ことしろぬしのかみ》・建御名方神《たけみなかたのかみ》がいる。『古事記』では事代主神は「天の逆手《さかて》を青柴垣《あおふしかき》に打ち成して、

関屋の松（『祭典式大略』個人蔵）

隠りき」、建御名方神は「この地を除きては、他所《よそ》には行かじ」と述べ、二神とも神話上ではその活動を控えている。

出雲大社の四至は殺生禁断の聖域であり、「阿遅志貴高日子根神」はその地に建てられた喪屋を忌みして、排除するために蹴飛ばしたのであろう。その「喪屋」の行き先が「美濃国藍見河《あいみかわ》の河上の喪山」というのも興味深い。「美濃国」といえば気になる風土記逸文がある。それは隣国の『尾張国風土記』逸文である。長い伝承であるので意訳しながら紹介する。

尾張国丹羽《には》郡の吾縵《あづら》郷にかかわる伝承である。垂仁天皇の御子、品津別皇子《ほむつわけのみこ》は、生まれて七歳になっても口が不自由であった。やがて皇后の夢に「私は多具《たく》国の神、名を阿麻乃弥加都比《あまのみかつひ》女《め》という。私には祭る人がいない。私のために祭る人をきめてもらえば、皇子はよく物を言い、寿命も長くなる」というお告げがあった。天皇は日置部《ひおきべ》らの祖先の建岡君に命じてその神を探した。その時、建岡君は美濃国の花鹿山《はなかやま》に到り、榊の枝を折りとって縵《かづら》に造り、「私の縵が落ちるところに必ずこの神がいるだろう」といったところ、縵はとび去り、この地に落ちた。そこで神がここに居ることを知り社を建てた。この社名によって里の名とした。後の人は訛《なま》って阿豆良《あづら》里というよう

阿豆良神社

になったという。

この吾縵郷の伝承は美濃国にまで話が及んでおり、伝承が一国規模を越える世界で形成されてきたことを勘案すると、律令以前の氏族制時代にその形成の端緒を求めることができそうである。美濃国の名を挙げたが、実はもう一つ「私は多具国の神、名を阿麻乃弥加都比女という」の言葉にみえる「多具国」なる国名も登場する。この「多具国」なる国は律令国にはなく、それ以前の古き時代に存在した国と思われるが、伝承者たちにはよく知られた国名だったのであろう。

実はこの「阿麻乃弥加都比女」と思われる女神は、表現こそ異なるが『出雲国風土記』楯縫郡条に姿を見せているのである。

神名樋山　郡家の東北六里一百六十歩なり。高さ一百二十丈五尺、周り廿一里一百八十歩なり。嵬《いただき》の西に石神があり。高さ一丈、周り一丈。往《みち》の側に小さき石神が百余ばかりある。古老が伝えて云うには、阿遅須枳《あぢすき》高日子命《たかひこのみこと》の后、天御梶日女《あめのみかぢひめ》命、多久村に来まして、多伎都比古命を産み給う。

ここに登場する女神、「天御梶日女」、読みとしては「あまのみかぢひめ」であり、そして彼女が子供を生んだ場所が「多久」村といえば、先の『尾張国風土記』逸文の「多具」国の女神「阿麻乃弥加都比女」、「あまのみかつひめ」と同じ神と考えられそうである。

それは単に神名が似ているということではなく「阿麻乃弥加都比女」は口が不自由であった品津別皇子を治癒しており、『出雲国風土記』に「阿遅《あぢ》須枳《すき》高日《たかひ》子命《このみこと》の后」とあるように天御梶日女命は口が不自由であったのを克服した阿遅須枳高日子命と結婚しているのである。

第八章　出雲大社本殿に添う

杵築と宇迦の地

『出雲国風土記』は国引神話以外にも多くの様々な神話で彩られている。最も有名なのは出雲大社（『出雲国風土記』では「杵築大社」と記す。「出雲」大社の社名は明治以降である）の祭神である大国主神に関する一連の神話であろう。

平安時代、「天下無双之大廈《たいか》」と言われた出雲大社、「国中第一之霊神《れいしん》」と崇《あが》められた大国主神、その鎮座地は出雲市大社町の杵築《きづき》の地である。出雲大社の名はあまねく知られているが、歴史的に振り返ると本来の社名は『出雲国風土記』によれば「杵築大社」であった。

何故、その「杵築」の地に大国主神を祀る出雲大社が造られたかに関して、今となっては歴史的に不明と言わざるをえない。しかし不思議である。神話はその答えを用意しているのである。

スサノヲ命は最終的に「妣の国、根の堅州国」の主となるが、そこに「飛んで火にいる夏の虫」の如く飛び込んできたのが大国主神であった。

『古事記』によれば「兄弟、八十神」の攻撃を受け、死の縁に追いやられた大国主神が助けを求めたのが「根の堅州国」のスサノヲ命の懐であった。そこで大国主神はスサノヲ命の試練を受け、自立の道を歩むためにスサノヲ命の「根の堅州国」からの脱出を試みた。『古事記』はその様子を次のように語る。

故爾《かれここ》に黄泉比良坂《よみのひらさか》に追ひ至りて、遙に望《みさ》けて、大穴牟遅神《おほなむちのかみ》を呼ばひて謂ひけらく、「その汝が持てる生大刀《いくたち》・生弓矢《いくゆみや》を以ちて、汝が庶兄弟《ままあにおと》をば、坂の御尾《みを》に追ひ伏せ、亦《また》河の瀬に追ひ撥《はら》ひて、意礼《おれ》大国主神となり、亦、宇都志《うつし》国玉 神《くにたまのかみ》となりて、その我が女須勢理毘売《すせりびめ》を嫡妻《むかひめ》として、宇迦《うか》能山《のやま》の山本に、底津石根《そこついはね》に宮柱《みやばしら》布《ふ》刀斯理《としり》高天《たかま》の原に氷椽多迦斯理《ひぎたかしり》て居れ。この奴《やつこ》。」といひき。

［概略］（スサノヲ命は）須世理毘売を連れて逃げる「大穴牟遅神（後の大国主神）」を黄泉の比良坂（根の堅州国の堺）まで追いかけ、逃げる大穴牟遅神に向かい、「諸兄弟」を生大刀・弓矢で倒し、「大国主神」、また「宇都志国玉神」となり、須世理毘売を妻とし、「宇迦能山」の麓に立派な御殿を建て生きよ、と大声で叫んだ。

ここにスサノヲ命から指示された居住の地、「宇迦能山」とは何処の山なのであろうか。

スサノヲ命が大国主神をぎりぎりまで追いかけた「黄泉比良坂」は『古事記』に「其の謂はゆる黄泉津比良坂は、今、出雲国の伊賦夜坂と謂ふ」とみえており、出雲国の揖屋付近が想定され、「宇迦能山」も同じ出雲の地に求められそうである。

出雲大社の勢溜《ぜいだま》り大鳥居から南に向けて神門通りを下って行くと大鳥居の下に身を置くことができる。その大鳥居は大正四（一九一五）年に島根出身の九州小倉の篤志家、小林徳一郎が寄進したものである。

大鳥居の扁額が畳六畳というから驚きである。大鳥居の前には堀川が流れ、そこには「宇迦橋」が架かっている。初代の橋は大鳥居建設の前年、神門通りの開通に合わせて架けられたものである。「宇迦能山」の「宇迦」の地名は、現在も出雲大社参道の大鳥居の下の「宇迦橋」にみえる。「神門通り」の名は当時の千家尊福《たかとみ》宮司の命名と聞くが、「宇迦能山」の名を念頭に置いたであろう。「宇迦橋」は県知事高岡直吉《ただよし》の命名であった。

その宇迦橋からほど近いところにある出雲市立大社中学校の校歌は出雲の詩人、安部宙之助《ちゅうのすけ》（一九〇四～八三年）の作詩になる。その一番には「朝日に映ゆる　宇迦山の青き嵐に心澄み　新しき日の大いなる希望抱きて　学ばなむ立てよ　若き子　若き子　若き子」とある。

この「宇迦山」は大社中学校を視点とすれば、出雲大社の背後の山であることだけは間違いない。

それは出雲大社の裏手の八雲山に限定されるのではなく、東へと延びる北山全体に眼が向いているのであろう。
その東に目をやれば、旧・平田市域に口宇賀・奥宇賀の地名が広がっており、「宇迦能山」、すなわち「出雲御埼山」の広がりがうかがえる。その「宇迦能山」とは、西は出雲大社の本殿裏の八雲山から東は平田の旅伏山までの一大山塊、『出雲国風土記』がいう「出雲御埼山」のことと思われる。

『出雲国風土記』出雲郡条ではその北山全体を次のように紹介している。

出雲御埼山　郡家の西北のかた二十八里六十歩なり。高さ三百六十丈、周り九十六里一百六十五歩なり。西の下にいはゆる天の下造らしし大神の社坐す。

出雲御埼山遠望

「出雲御埼山」とは出雲の「御埼山」という意味合いと思われ、同風土記にみえる「御埼社」の存在、そして表記をふまえると、日本海に突き出す日御碕《ひのみさき》を西端とする山塊を言い表しているのであろう。それも山の周囲を「周り九十六里一百六十五歩」、すなわち約五〇キロとしており、個別の山ではなく、東は旅伏山までを含む山塊を一つの山と見なしたものと思われる。

その山塊の空間は『出雲国風土記』の冒頭を飾る国引神話の「栲衾志羅紀の三崎を国の余りありやと見れば、国の余り有り、と詔りたまひて、童女の胸すき取らして、大魚のきだ衝き別けて、はたすすき穂振り別けて、三身の綱うち挂けて、霜黒葛くるやくるやに、河船のもそろもそろに、国来々々と引き来縫へる国は、去豆の折絶より、八穂爾支豆支の御埼なり。」の「去豆の折絶より、八穂爾支豆支の御埼」の空間に重なる。「八穂爾支豆支の御埼」は、先の「出雲御埼山」と同一の別表現と思われる。

ここで注目されるのが『出雲国風土記』出雲郡宇賀郷条である。

宇賀郷　郡家の正北一十七里二十五歩なり。天の下造らしし大神の命、神魂命《かむむすびのみこと》の御子、綾門日《あやとひ》女命《めのみこと》をつまどひましき。その時、女神肯《うべな》はずして逃げ隠ります時に、大神伺《うかが》ひ求ぎ給《ま》ひし所、これ即ちこの郷なり。故、宇賀といふ。

この宇賀郷は、現在の出雲市奥宇賀町・口宇賀町に地名が継承されており、古代の「宇迦能山」の東端に位置することがわかる。

スサノヲ命の口から発せられ、大国主神に示された鎮座地は「宇迦能山の山本」、すなわち『出雲国風土記』出雲郡条にみえる「出雲御埼山」の「西の下」、現在の出雲大社の鎮座地に重なるのであろう。神話の流れから言えば重ならなければならないのである。

その「出雲御埼山」の「西の下」に関して『出雲国風土記』出雲郡条は次のように述べる。

杵築《きづき》郷　郡家の西北二十八里六十歩なり。八束水臣津野命の国引き給ひし後、天の下造らしし大神の宮を造り奉らんとして、諸《もろもろ》の皇神《すめがみ》ら、宮処《みやどころ》に参集《まゐつど》ひて、杵築《きづ》きたまひき。故、寸付《きづき》といふ。神亀三年、字を杵築と改む。

極めて時の流れを冷静にみつめた文である。「杵築郷」は国引きによって作られた「去豆の折絶より、八穂爾支豆支の御埼」に当たり、当然、杵築大社の建設は国引き後であるというのである。

楯縫の阿豆麻夜山

「皇神」たちが「参集」し、杵築大社を造営したという伝承は、今、出雲大社東神苑にひっそりと鎮座している杵那築《きなづき》の森が念頭にあるのであろう。この杵築大社造営に「参集」した神々は造営のための準備を着々と進めていたようである。

出雲大社、古代の杵築大社に関する社殿造営神話で一番詳細なのは、記紀神話ではなく『出雲国風土記』の楯縫郡の郡名起源伝承であろう。

楯縫と号くる所以は、神魂命《かんむすびのみこと》詔りたまひき、五十《いそ》足る天日栖宮《あめのひすみのみや》の縦横の御量《みはかり》は、千尋《ちひろ》の栲縄《たくなわ》を持ちて、百結び、八十結び下げて、この天の御量《みはかり》を持ちて、所造天下大神《あめのしたつくらししおおかみ》の宮を造り奉れ、と詔りたまひて、御子の天の御鳥命を楯部として、天下し給ひき。時に、退り下り来まして、大神の宮の御装束《みよそひ》の楯を造りはじめ給ひし所、是なり。仍って今に至るまで、楯・桙を造りて皇神《すめかみ》等に奉る。故に楯縫といふ。

〔概略〕何故、楯縫というか、それは神魂命が出雲大社の社殿を造成するには長く長く結んだ縄で作った「天の御量（メジャー）」を使いなさいと命じ、その造営の責任者として我が子の「天の御鳥命」を遣わしたからである。天下った天の御鳥命はその地で出雲大社の「御装束」用の楯を作り、今も楯・桙を作り、神々に提供しているという。

「天の御鳥命」が天下り、「楯を造りはじめ」た場所をさらに絞れば、「楯縫」郡と同じ名を有する

「楯縫」郡の「楯縫」郷ということになろう。神の天下りであるからその場所は山の頂《いただき》が想定できるが、『出雲国風土記』楯縫郡条によれば、同地域の山は神名樋山《かんなび》、阿豆麻夜山《あづまや》、見椋山の三山である。神名樋山は多伎都比古命の御託《みよさし》（御魂）が坐す天御梶日女命にかかわる山であり、「天の御鳥命」が天下った山は残る阿豆麻夜山か見椋山の可能性が高い。

まずは『出雲国風土記』楯縫郡条の阿豆麻夜山の記事をみる。

阿豆麻夜山　郡家の正北五里四十歩なり。

この一条だけであり取り上げるだけの情報もなく、今までの言及は阿豆麻夜山が現在のどの山に当たるかの一点のみであった。一般には江戸時代初めの岸崎時照の『出雲風土記抄』にみえる「楯縫郷多久谷村にあり」を踏まえ、檜山（標高三三三メートル）としている。

しかしどの山に当たるかよりも重要なのは「阿豆麻夜」の山名の意味である。ここで注目したいのは「阿豆麻夜」は神名樋山・見椋山と異なり、一字一音の万葉仮名風表記である点である。「阿豆麻夜」は「あづまや」で東屋、四阿のことであるが、今までこの点に関して踏み込むことはなかった。「あづまや」は、寄棟の屋根に象徴されるが、「あづまや」の「阿」は屋根の頂点から屋根角に向かって下がる「隅棟《すみむね》」のことと思われる。

『古事記』は「阿」に関して次のように説明している。

速須佐之男命、天照大御神に白《もう》したまひしく、「我が心清く明きが故に、我が生める子、手弱女《たわやめ》を得つ。これによりて言さば、自ら我勝ちぬ。」と云して、かつさびに天照大御神のつくり田の阿《あ》を離ち、【この阿の字、音を以《もち》う】その溝を埋め、また大嘗《おほにへ》を聞《きこ》しめす殿《との》に屎《くそ》まり散らしき。

ここには「田の阿」と見え、畦のことであることがわかる。寄棟造りの「隅棟」が高くなっていることを田の「畦」に例えた表現なのであろう。檜山の山容を四阿に見立てたのであろうか。しかし「あづまや」という語句の更なる奥底には山容という形態を越えた神の世界が見え隠れしているようである。

『万葉集』八九四の「海原の　辺にも沖にも　神づまり　領《うしは》き坐す　諸《もろもろ》の大御神たち」の「神づまり」は原文では「神豆麻利」となっており、それは「神＋づまり」となろう。白川静の『字訓』では「づまり」の基幹の「つむ」は「散在するものを集めておくこと」であり、「詰む」「集む」と関係のある語とする。その意を受けるならば楯縫郡の「阿豆麻夜山」は神々が集《あつ》まる山ということになろう。その「阿豆麻夜山」に神魂命から派遣され降臨した「天の御鳥命」を中心に諸々の「皇神」が集まったという情景を見いだすことができる。

「阿豆麻夜山」に天下った「天の御鳥命」の職務は「所造天下大神の宮を造り奉れ」とあるように杵築大社の社殿の造営であった。「天の御鳥命」はその意を受けて「大神の宮の御装束の楯」を造ったという。そしてまたその楯、そして桙を作り続け、「皇神」に奉っているとしている。

この風土記伝承で奇妙なのは出雲大社の造営を命じられた「天の御鳥命」が本殿造営にかかわらず、楯と桙を作っているという辻褄が合わない展開である。しかし、その不可解な伝承の流れにこそ、古代びとにとっては大切な呟きが秘められていたのであろう。

記紀・風土記に次ぐ古代史料、斎部広成《いんべのひろなり》の『古語拾遺』をひもとくと、「瑞殿」を造営するために「兼て御笠と矛盾《ほこたて》を作らしむ」とあり、「瑞殿」、すなわち本殿造営に向けて「矛盾」と「御笠」を作製したとみえる。その表現には古代びとの本殿の屋根は笠、柱は矛、壁は盾という認識、古代びとの呟きを読み取ることが出来そうである。

杵那築の森

『出雲国風土記』出雲郡の杵築郷条では前掲したようにその「皇神」について次のように言及している。

杵築郷　郡家の西北のかた廿八里六十歩なり。八束水臣津野命の国引き給ひし後、天の下造らし

し大神の宮を造り奉らむとして、諸の皇神等、宮処に参集ひて、杵築きたまひき。故、寸付とい
ふ。神亀三年、字を杵築と改む。

楯縫郷に参集し、「天の御鳥命」から楯・桙を受け取った神々は杵築大社の社殿を造営するために「きづき」の地に集まったという。何故、「きづき（杵築）」が「寸付」と表記されたかは不明であるが仮字であろう。「寸」には長大な天の御量《みはかり》を用いても精緻な作業という意味が込められているのかも知れない。

その神々が参集したと伝えられる聖地が出雲大社境内にある。杵《き》那築森《なづきのもり》である。銅鳥居の南、境内東神苑の奥つくところの小さな森であり、そこに鳥居と小さな祠が包まれている。また大社では珍しく余り手が付けられず壊れた石像などが散らばっており、異様な空間である。

この杵那築森は鎌倉時代の杵築大社と周辺を描いた絵図、出雲大社《いづもたいしゃ》並《ならびに》神郷絵図《しんごうえず》にも描かれており、続く絵図でも必ずその存在が明記されており、重要な祭祀の場であることがうかがえる。

杵那築の森

元禄七（一六九四）年、出雲大社上官であった国学者佐草自清《さくさよりきよ》が著した『出雲水青随筆《いづもすいせいずいひつ》』にも杵那築森はみえており、その記す位置づけは大変奇妙である。
まず佐草自清は大国主神の諸々の神名を次のようにあげる。

大国主神
大物主神
国作大己貴命
葦原醜男
八千戈神
大国玉神
顕国玉神

その後に「杵那都岐」を孤立的に一つあげ、次のような説明を付す。

御本社の南、田の中に在り。壇《だん》あり、社なし。樹林茂盛す。愚《ぐ》按するに皇神ら集会《あつま》りたまふ所、風土記に曰く、八束水臣津野命の国引き給ひし後、天の下造らしし大神の宮を造り奉らむとして、諸の皇神等、宮処に参集ひて、杵築きたまひき。故、寸付といふ。神亀三年、字を杵築と改む。

これは杵那築森の現状（元禄七年段階：筆者注）と『出雲国風土記』の杵築郷条の記事の引用で文が構成されており、皇神らが杵築大社造営のために集まった場所を杵那都岐であるとする佐草自清の私見である。

その記述の後、注目すべきは境内の主要神社（神）を以下のように列挙している点である。

杵築大社
客座
犬飼神
筑紫社
御向社
天前社…………

つまり佐草自清は①大国主命の神名、②杵那都岐（杵那築森）、③境内神社、という形で列挙しており、小さな社叢《しゃそう》、杵那築森を特別視していることがわかる。それは①大国主神とその③住処と社殿とを取り結んだのが②杵那築森であったからではなかろうか。それを『出雲国風土記』の杵築郷伝承が物語っていたのである。神々が降臨する「壇」はあるが、神々を祀る「社」が当然ないのは自然である。神々の仕事は大国主命の「社」を造ることにあった。

神々の舞台と大道具・小道具

「天の下造らしし大神の宮」、大国主神の「社」、その造営のために「皇神」、すなわち高天原系の神々が参集したという。

古代史研究において神話といえば直ぐにそのストーリーの政治性に着目し、創作物としてそこに為政者の意図を読み取ろうとする傾向があるが、まずは神話が「湧出」してきた舞台に注目することが大切である。

神話はそれが湧出された時代の存在物について、古代びとの「こころ」と「ことば」を通して語っているのであり、そういう意味で事実的な語りである。

『日本書紀』巻二第九段一書第二は具体的な描写を展開する。

「汝は以て神事《かみのこと》を治すべし。又汝が住むべき天日隅宮《あまのひすみのみや》は、今供造《つく》りまつらむこと、即ち千尋《ちひろ》の栲縄《たくなは》を以て、結ひて百八十紐《ももやそむすび》にせむ。其の宮を造る制《のり》は、柱は高く大《ふと》し、板は広く厚くせむ。又田供佃《つく》らむ。又汝が往来《かよ》ひて海に遊ぶ具《そなへ》の為には、高橋・浮橋及び天鳥船《あまのとりふね》、亦供造りまつらむ。又天安河に、又打橋造らむ。又百《もも》八十《やそ》縫《ぬひ》の白楯供造らむ。又汝が祭祀《まつり》を主《つかさど》らむは、天穂日命、是なり」とのたまふ。

国譲り神話によれば、国譲りの際、高天原側と大国主神との間での取り決めは、大国主神の居所、すなわち「宮を造る制」については「柱は高く大し、板は広く厚くせむ。又田供佃らむ。又汝が往来ひて海に遊ぶ具の為には、高橋・浮橋及び天鳥船。亦造りまつらむ」という形で造営することであった。

この「柱は高く大し、板は広く厚くせむ」という表現は現在の出雲大社本殿そのものであり、「高橋」は本殿に昇る階段である。本殿造営の文の真ん中にみえる「田供佃らむ」という異質の文は、あくまでこの文が「宮を造る制」についての説明であることを理解すれば、その田は水田造成ではなく、大社造の特色である本殿内に構成される「田」の字の空間を表していると考えるべきであろう。

「高橋」はともかく「浮橋」「天鳥船」となると「机上の創作」として片付けられそうである。しかし、これらも古代びとが現実に目にした神々の舞台、そして大道具であった。

『日本書紀』は、大国主神の出雲大社本殿鎮座後について次のように語っていたことを思い出してもらいたい。「汝が往来ひて海に遊ぶ」とは不思議な世界である。「往来ひて海に遊ぶ」とは大国主神の巡行と思われ、「海」とは古代の出雲大社の立地環境を念頭におくと、出雲大社の前面に広がっていた「神門水海」を言うのであろう。

　大国主神の家族神的な性格を考慮すると、大国主神にとって「神門水海」は特別な「海」だったと思われる。「神門水海」を真中に、向い側の南岸には「嫡妻（向姫）」スセリヒメの鎮座する滑狭《なめさ》郷、そして東岸は御子神のアジスキタカヒコ・シタテルヒメが鎮座する空間であり、「神門水海」は大国主神一家の庭、「家庭（いえには）」であった。

　その空間を「往来」する「遊ぶ具」も古代において目に見える形で存在したようである。「浮

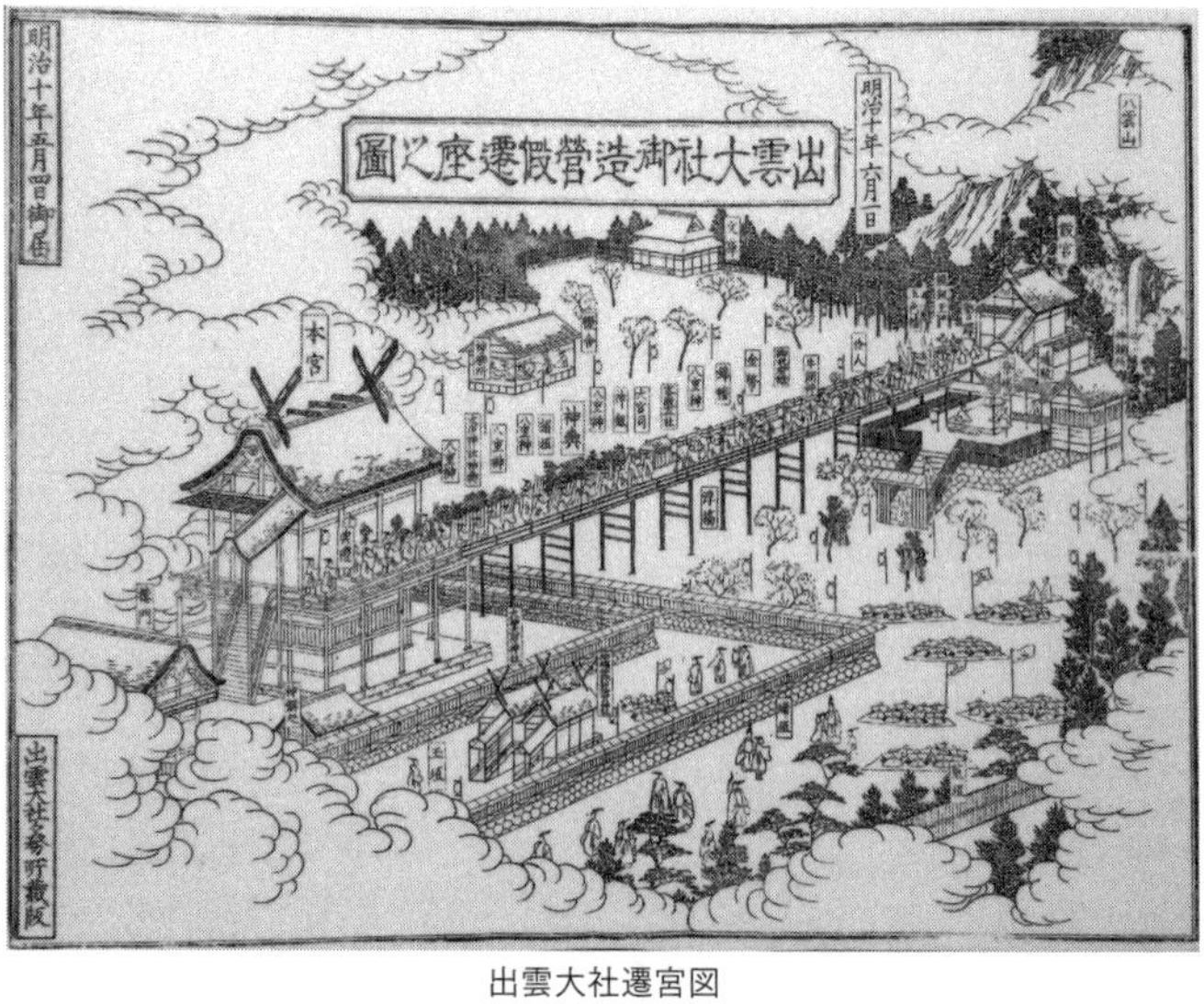

出雲大社遷宮図

橋」は神魂《かもす》神社の天明四（一七四八）年の遷宮図の長廊下に「浮橋」の文字、出雲大社の明治十年仮遷座、十四年の正遷座の際に仮殿の素鵞《そが》社まで仮設された長橋にも中央橋脚部分に「浮橋」の文字が記されていることに気づく。「浮橋」は神々の移動にとって必要不可欠な聖なる「道」として意識されていたのであろう。

「天鳥船」は伊勢神宮の遷座に用いられる御神体安置の「御船代（みふなしろ）」に相当する神具ではなかろうか。『日本霊異記』にも神の乗り物として「楠の船」が登場するが、それも御船代であろう。可視的には伊勢神宮『貞和御餝《じょうわおんかざり》記《き》』（鎌倉末の伊勢神宮遷宮記録）にその図がみえる。平成の仮遷宮前まで出雲大社本殿の北東大床に明治の御遷宮の際に使用された神輿が安置されていたが、それこそ「天鳥船」であった。

記紀神話がまとまった八世紀には、神の遷座の際に神の霊（魂）を包む「天鳥船」と表現された神具、また「浮橋」

出雲大社大床に据えられた神輿

と呼ばれた清浄な長大な「浮き」橋が存在したのである。われわれは祭りの際に神輿の上に止まる鳳凰などの鳥を目にするが、それはまさに「天鳥船」の名残なのであろう。

祭具と言えば、出雲大社の祭儀において重要な役割を持つ燧臼《ひきりうす》・杵《きね》は、出雲国造の代替わりの火継神事、また国造家の古伝新嘗祭《こでんしんじょうさい》においてもその役割は決定的である。

ここに『古事記』の国譲り神話の一端を示す。

その大国主神に問ひたまひしく、「汝が子等、事代主神・建御名方神の二神は、天つ神の御子の命のままに違はじと白しぬ。故、汝が心は奈何に。」とひたまひき。ここに答えへ白ししく、「僕が子等の二神の白すままに僕は違はじ。この葦原中国は、命のままに既に献らむ。唯、僕が住所をば、天つ神の御子の天津日継知らすとだる、天の御巣如して、底津石根に宮柱ふとしり、高天原に氷木たかしりて、治め賜はば、僕は百足らず八十坰手に隠りて侍なむ。また僕が子等、百八十神は、すなはち八重事代主神、神の御尾前となりて仕へ奉らば、違ふ神は非じ。」とまをしき。かく白して、出雲国の多芸志の小浜に、天の御舎を造りて、水戸神の孫、櫛八玉神、膳夫となりて、天の御饗を献りし時に祈りて白して、櫛八玉神、鵜になりて海底に入り、底の波邇を咋《く》ひ出て、天の八十毘良迦《やそびらが》を作りて、海布《め》の柄を鎌《か》りて、燧臼《ひきりうす》に作り、海蓴《こも》の柄を以て燧杵《ひきりぎね》を作りて、火を鑽《き》り出して云ふ、この我が燧《き》れる火は、高天の原には、神産巣日御祖命の、とだる天の新巣の凝烟《すす》、八拳垂るまで焼き挙げ、地の下は、底津石根に焼き凝らして、栲縄の、千尋縄打ち延《は》へ、釣りせし海人の、口大の尾翼鱸《おはたすずき》、さわにさわに、控《ひ》き依せて騰《あ》げて、打竹《ささたけ》の、とををとををに、天の真魚咋《まなぐひ》を献る。といひき。故、建御雷神、返り参上りて、葦原中国を言向け和平しつる状を、復奏したまひき。

［概略］建御雷神は大国主神に国譲りを迫り、大国主神は、国譲り後の自分の居所を高天原に届くような立派な高い建物として造ることを条件として合意した。それ以後は大国主神はその建物の奥の奥で過ごすこと、事代主神を先頭に高天原に背く神はいないことを宣言する。さらに大国主神は出雲国多芸志の小浜に社殿を造り、水戸神の子孫の櫛八玉神を膳夫（料理人）として建御雷神に食事を用意した。櫛八玉神は鵜に姿を変え、海の底に潜り粘土をくわえてあがり、多くの皿を作り、海草の茎を刈り取っては火きりの臼と杵を作り、神聖な火を鑽りだし、また祝詞「鑽り出した火は神聖で、釣り上げた魚は巨大で美味しい料理を作り差し上げます」をあげて歓待した。その後、建御雷神は高天原に上って、豊葦原国を平定したことをご報告した。

国譲り神話では多芸志小浜《たぎしのをばま》で櫛八玉神《くしやたまのかみ》が膳夫《かしはで》（料理人）になり、「海布の柄」を「燧臼」、「海蓴の柄」を「燧杵」にして火を鑽りだしたという。余りにも現実離れをしており、神話として片付けられがちである。

しかし、「海布の柄」「海蓴の柄」は出雲大社で現在使用されている「燧臼」「燧杵」に形態が酷似しており、現実の祭具を比喩したものと思われる。国譲り神話の海草を用いての火鑽は、「燧臼」「燧杵」を用いた出雲大社の神事の神話化なのではなかろうか。実に神話で神々が用いた小道具は出雲大社の現在の神事の中核をなす火継神事、そして国造家の古伝新嘗祭においても生きており、そこに古代におけるあり方を偲ぶことができる。

古代びとは神話の舞台、大道具・小道具を神々との暮らしの中で神語るのであった。それはまさに神話の「湧出」という言葉に行き当たるのである。

出雲大社の巨高性

古代、高層建築であった出雲大社の本殿は「山」を、長大な階段は「川」を、そして階段の下の「浜床」は海辺、すなわち「海」に当たると意識されたのであろう。出雲大社は自然世界そのもの、山・川・海をその高層の社殿で体現しているのである。山の頂は雲を差し、高天原へと目指し、九本柱の中心・心の御柱はまさに天地を支えて聳え立つのであった。

その出雲大社の御本殿の屋根の傷みがひどくなり、平成二十（二〇〇八）年に六十年ぶりの「修厳」、すなわち「造営（修復）」事業が始まり、仮遷座から二十五年の本遷座までとど滞りなく奉仕されたところである。その平成二十年には御本殿特別拝観も行われ、大国主神がご不在となった御本殿大床への昇殿が許され、本殿内部、そして天井の「雲の絵（千家尊統《たかむね》『出雲大社』）」を拝観する機会を得た。それは「柱は高く大し、板は広く厚くせむ。又田供佃らむ。又汝が往来ひて海に遊ぶ具の為には、高橋・浮橋及び天鳥船、亦造りまつらむ」を体感するものであった。

しかし、その巨高性は神話であるとする向きもあるが、天禄元（九七〇）年に源為憲《みなもとのためのり》によって著された『口遊《くちずさみ》』には「雲太《うんた》　和二《わに》　京三《きようさん》」と紹介されていることを看過してはならないであろう。「雲太」とは「出雲の国、城築明神の神殿をいふ。和二とは大和の国東大寺の大仏殿をいふ」とあり、杵築大社本殿が当時の「大屋《たいおく》」に中で一番の高さを有していたことがわかる。

当時の東大寺大仏殿は高さが十五丈であり、それを上回る杵築大社本殿はそれ以上であったという認識である。

鎌倉時代の初め、出雲大社を参拝した寂蓮《じやくれん》法師（藤原定長）は本殿を仰ぎ、次のように書き残している。

出雲の大社《おほやしろ》に詣て見侍りければ、天雲たな引山のなかばまで、かたそぎの見えけるなん、此世の事とも覚えざりける。

やはらぐる　光や空に　みちぬらん　雲に分け入　ちぎのかたそぎ

出雲大社の本殿を仰ぎ見て、社殿の「ちぎ（千木）」が棚びく雲の中まで届いている情景に感嘆した寂蓮の姿がそこにある。

この『寂蓮法師集』からは寂蓮が何時参拝したか不明であるが、知己の慈鎮（慈円）の『拾玉集』巻五を見ると注目すべき記載がある。


文治六年、寂蓮入道思ふことありて、出雲の大社へまうでて、帰りて後、文にやりたし返事に、かく申したり

昔思ふ　八雲の空に　立つものは　色をわくべき　君が面影

参拝年は明白、文治六（一一九〇）年であった。その年、寂蓮法師は何の目的で出雲大社を参詣したのであろう。その点について慈鎮は「思ふことありて」と述べるにとどめている。

実は参詣した「文治六年」は四月十一日までで、十二日には「建久元年」に改元されており、寂蓮の参詣はそれ以前、文治六年の春ということになる。注目すべきは出雲大社においてはその建久元年の六月二十九日に正遷宮が斎行されているのである。この時の本殿造営は安元元（一一七五）年以来の仮殿式ではなく、久々の「正殿式（現在と同じ高さ二四メートル）」であった。

寂蓮の「思ふこと」とは、その蘇った大きな本殿を拝観することだったのであろう。寂蓮は秋には都に戻っており、文治六年の春に都を出て、そして建久元年の正遷宮までは出雲に滞在していた

ものと思われる。

では寂蓮は、どのようにして出雲大社の「正殿式」の正遷宮の情報を手にしたのであろうか。

京都の上京区の浄土宗家隆山石像寺《かりゅうざんしゃくぞうじ》、通称釘抜地蔵付近は、かつて藤原家隆・定家の邸宅があった場所と言い伝えられている。石像寺の山号「家隆」はそれを物語っている。この石像寺の裏手の墓地には藤原家隆・藤原定家・寂蓮（藤原定長）、三人の供養塔が供えられている。家隆は寂蓮の娘婿といわれている。その二人の関係を物語るように『寂蓮法師集』に次のような一首が残されている。

家隆悦時ひさしく申さてつかはしける

うれしさも　袖につゝまて　過ぎにけり

苔の衣を　いむせしまに

実は藤原家隆は出雲大社の荘園、阿午《あご》・鳥屋《とや》・武志《たけし》・遙堪《ようかん》の領家筋に当たり、建久のご遷宮には財政面において深くかかわっていた可能性があり、寂蓮はその家隆から巨高の本殿築造の情報を耳にしたのであろう。

石像寺　塔婆

都びとの寂蓮を遙か出雲まで招き寄せたのは神話から受け継いだ出雲大社本殿の久々の巨高性だった。

寂蓮が仰いだ本殿

出雲大社宮司家、千家出雲国造家に伝わる「金輪造営差図」は古代の出雲大社の平面図を描いたとされ、本居宣長以来、古代の出雲大社の構造を考える上で注目されてきた。差図によれば社殿は正方形、三本の柱を金輪でまとめて巨大な柱にして、それを田の字型に九本立てて社殿を構築するというものであった。また社殿への階段、「引橋」は長さ「一町（一〇九メートル）」とあり、巨高性を物語っている。

しかしその想像を絶する建築方法は差図の年代が不明ということもあり、実際にはあり得ない想像上の図とされてきたが、平成十二（二〇〇〇）年四月、発掘により出雲大社境内の拝殿の後方において巨大な柱が顕現し、にわかに注目されることになった。

それは直径一メートル三〇センチを上回る巨木、それを三本合わせて一本としたかのような状態を呈し、最終的には三ヵ所において確認された。それは「金輪造営差図」、ほぼそのものであった。出土したのは九本柱のうち中央の心御柱、前面の中央の宇豆柱《うづばしら》、その東の側柱の三本であり、すべて杉材であった。宇豆柱材から得た放射性炭素の測定によれば建保三（一二一五）年から仁治元（一二四〇）年という年代が得られた。その前後の大社の遷宮は嘉禄三（一二二七）年の仮殿遷宮、宝治二（一二四八）年正殿遷宮、弘安五（一二八二）年仮殿遷宮であり、可能性としては年代、そして正殿式造営という点から宝治二年の造営の際の柱の可能性が高い。

今、三本の御柱はそれぞれの居所を得ている。側柱はそのまま埋め戻され、宇豆柱は古代出雲歴史博物館の展示室、心御柱は出雲大社境内の宝物館の神祜殿《しんこでん》に保存、展示されている。

残念ながら寂蓮が仰いだ本殿の御柱そのものではないが、ともに正殿式造営であり、顕現した柱を拝観すると「此世の事とも覚えざりける」という寂蓮の心情に添うことができる。神話、寂蓮、そして現在と「柱は高く大し」が生き続けているのである。

第九章　国譲りから神譲りへ

天下無双の大廈

現在の御本殿は延享元（一七四四）年の御造営・遷宮時の建物であるが、以後、文化六（一八〇九）年、明治十四（一八八一）年、昭和二十八（一九五三）年の三度の御修復遷宮による引継ぎの姿相である。それは今なお「天下無双の大廈《たいか》」である。

出雲大社のご遷宮に関する一番古い記述は「国譲り神話」である。神話を歴史とすることに関して古代史研究者は拒否的であった。しかし、神話は古代において湧出した歴史的「空間」をとらえたものと考えたい。

かつて津田左右吉《つだそうきち》は、『古事記』『日本書紀』を検討し、神話は天皇制が確立した六世紀以降に天皇家の権威を高めるために政治的意図によって作りあげたもので、神話は机上の創作とした。しかし、無から有への創造はあり得ないのであり、神話のストーリーは別として神話の語る舞台、神々が使う大道具、小道具はその六世紀という神話形成期に実際に存在したと考えるのが筋であろう。

　死そのもの、死の苦しみを乗り越えて平定した「葦原の中国《なかつくに》」（端的に言えば今の日本）を高天原に「譲れ」と迫られた大国主神は、国譲りの使者、経津主神《ふつぬしのかみ》・武甕槌神《たけみかづちのかみ》の言葉、「汝、まさにこの国をもって、天神《あまつかみ》に奉らむやいなや」に疑問を抱き、「許さず」と国譲りを毅然と拒否したのである。

　使者の報告を受けた天神、高天原の主宰神・高皇産霊尊《たかみむすびのみこと》は使者の言葉の至らなさを詫び、国譲りの条件を一つ一つ細かに説明し、同意を得ようとした。その条件とは多岐にわたるが、大切なのは、「葦原の中国」の政治は今後、天孫が担い、大国主神は「神事《かみのこと》を治」めることであり、「葦原の中国」を譲った大国主神の住居に関しては大国主神の意をくみ、「柱は高く大し、板は広く厚くせむ。又田供佃らむ。又汝が往来ひて海に遊ぶ具の為には、高橋・浮橋及び天鳥船、亦供造りまつらむ。又天安河に亦打橋造らむ。又百八十縫の白楯供造らむ。」の言葉に表れているように高層性を追求した建物にすることであった。

　またその建物に付随して「高橋・浮橋及び天鳥船」などを整え、最後に「汝（大国主神）が祭祀を主《つかさど》らむは、天穂日命、是なり」として「天穂日命」を推薦する配慮も示した。

　大きくみて、①政治と神事の主宰の交替、②大国主神の居所の建設、③移動手段の確保、④大国主神を祀る祭主の指名、の四ヵ条である。

大国主神は高皇産霊命の言葉、示した条件を「慇懃《ねむごろ》」と受け止めて「敢経《あへ》て命に従はざらむや」と語り、国譲りに同意したという。いわゆる国譲り神話で注目されてきたのは、主に①の「政治の世界」、②の高層社殿であった。しかし、平成の出雲大社大遷宮を機に③の移動手段、④の祭祀者が大いに気になる存在として浮上してきた。

高天原が大国主神の祭祀者として「天穂日命」を推挙したのは同神が第一次国譲りにおいて「媚びる」と見えながらも、大国主神と長期にわたり交渉し、親愛関係を築いていたからであろう。国譲り神話は、大国主神の高層神殿への遷座、そして天穂日命の祭祀を受けるという、神話時代の出雲大社遷宮譚であり、この度のご遷宮も天穂日命の子孫と伝える出雲国造千家尊祐大社宮司による大国主神の遷座奉祭であり、大国主神も望むところであったと思われる。

平成の大遷宮に身を置いて

出雲大社大遷宮は平成二十五（二〇一三）年五月十日夜七時「本殿遷座祭」として執り行われた。当日は新月、闇深く、神話と歴史が共振するなかで、大国主神は仮本殿の拝殿から多くの神職に奉じられながら絹の白布御垣に包まれ、太鼓と笛の音のお囃子の中、注連縄・雲形で守られた清浄な神路を本殿へと進まれたのである。

前回の昭和二十八年の遷宮も五月十日であったが、新本殿での大国主神の新生活の始まりは、この度も五月十日、旧暦の四月朔日の新月の日であった。新月は姿を見せずも望月に向けての光を充塡している始原の力を秘しており、新月の日は次の御遷宮へのスタートとしての好日であった。
新月の夜、七時といえば闇夜である。「古代の夜」といえば『日本書紀』崇神紀の有名な箸墓伝承がその妖しさを物語る。三輪山の大物主神の妻、倭迹迹《やまととと》日《ひ》百襲《ももそ》姫の死にともなう巨大な墓の造成、古代びとはそれをみて何を思ったのであろうか。

　故、時の人、その墓を号けて箸墓と謂ふ。この墓は、日《ひ》は人作り、夜《よ》は神作る。

ここに古代びとの夜の世界観、暗闇観が表出しているといえよう。夜の世界は神々の世界だったのである。「日（ひる）」「夜（よる）」との対比の中、「ひる」は人々、「よる」は神々という時の住み分けが生まれたのであろう。街路灯、家灯りもない、繁華街もない時代、夕方になると近づく暗闇に怯える時代であった。後の「逢う魔が時」という言葉、そこに古代びとの神々の時間への畏怖心を見い出す。夜は「暗」・「闇」の字が象徴するように「音」の世界であった。
大国主神は国譲りに際し、「吾が治《し》らす顕露《あらは》のことは、皇孫《すめみま》に治めたまふべし、吾は退《さ》りて幽《かくれたる》事《こと》を治めたまふ」と対応し、国譲り、すなわち政治の世界を譲る代わりに「幽事」、すなわち神々・神事の世界の主宰権を確保したのである。それは時に置き換えれば「日」と「夜」の交換である。

歴史の見方を大和中心から出雲に置き換えれば、「国譲り」において「葦原の中国」の支配を高天原（皇孫・天皇家・大和王権）に委ねた代わりに、出雲・大国主神は「幽事（神事）」、それは「葦原の中国」の国神、そして高天原の天神の世界までの「天地」の「神々の世界」を主宰する栄誉を享受したということであった。実に「国譲り」は出雲にとって「神譲り」であった。

高天原の高皇産霊命から大国主神の奉祭を指示された天穂日命、その子孫として『古事記』『日本書紀』はともに出雲（臣）国造の名を挙げる。天穂日命は国譲りの使者として大国主神のもとへ派遣され、「然れどもこの神、大己貴神《おおなむちのかみ》に佞《おもね》り媚《こ》びて、三年になるまで、尚し報聞《かえりごと》せず」という神であった。

天穂日命は不思議な存在である。「神の傑《いさを》」と選ばれながら、高天原の立場からみると背を向けた神であり、大国主神にとっては三年のあいだ奉仕を受けた関係であった。国譲り後の大国主神の奉祭に際し、高天原においてその大役を担えるのは「背を向けた」神、天穂日命一神であった。

その天穂日命から数えて八十四代と伝えられているのが千家尊祐《せんげたかまさ》国造、そして八十代北島建孝《たけのり》国造である。国造は始祖の天穂日命の魂を「火継（継承）」し、連綿として大国主神を奉祭する。この度のご遷宮においては出雲大社御遷宮奉賛会が立ち上げられ、出雲国造千家尊祐出雲大社宮司が名誉会長、そして北島国造家八十世北島建孝国造は顧問として奉仕された。

消えた国造「叡屋」

神話世界から平成の世に天穂日命の魂を通して伝えられた遷座の姿相は、まさに国譲りの世界の再現であった。その残像を胸に平成の世から出雲大社の造営、遷宮の歴史をたどると、実に斉明天皇五（六五九）年までさかのぼることができる。

『日本書紀』斉明紀五年条には「是歳、出雲国造（名を闕《もら》せり）に命《おほ》せて、神の宮を修厳《つくりよそ》はしむ」とあり、これは神社造営史料としては最古のものである。

「名を闕せり」とあり、残念ながらその造営事業の六十一年後の養老四（七二〇）年の『日本書紀』編纂時には都においても出雲国造の名前は失念されていたようである。

六十一年といえば、この度の御遷宮は前回の昭和二十八年の御遷宮からちょうど六十年目であり、当時の人々の記憶も薄れるころなのであろう。今回の御造営は大屋根の修理が要であり社殿全体に及ぶものではないが、屋根の檜皮《ひわだ》の撤去、野地板の修理、新しい檜皮葺き、鬼板や千木・勝男木の修理・交換など釘一本から匠の技なくして実施は不可能であった。

「六十年」は記憶が薄れる時の堺というのであろう。社殿の建築にかかわる伝統、特殊な技術、御造営の進め方、そしてともなう祭祀など、継承していく時と場として「六十年」は大切な時の刻みであることを「六十一年」の「名を闕せり」は教えてくれているのであろう。御造営は祭祀を受け継ぎ、そして未来へ永劫化していくための神々の命綱である。
『日本書紀』編纂時、「名を闕せり」出雲国造であるが、歴史上確かなのは『続日本紀』霊亀二（七一六）年に都に上り神賀詞《かむよごと》を奏上した出雲臣果安《いづものおみはたやす》となる。しかし、貞享三（一六八六）年の佐草自清《さくさよりきよ》の「出雲国造系譜考」によれば、果安の前代の国造として「叡屋《えいや》」なる名前を伝えている。「叡屋」とは天皇の御殿のような建物という意味であり、大国主神が求めた「僕が住所をば、天つ神」の「天の御巣」、すなわち天孫の御殿に重なる名前である。「叡屋」、それは名前を忘れられた「神の宮を修厳」した国造の名前としてふさわしいのではなかろうか。

大国主神を祀ることは高天原、その後裔である大和王権にとって基幹的な最大の責務であった。それは国譲りの代償、それは「葦原の中国」の政治と裏腹の関係にあり、手を抜くことはできない祭祀である。

高天原と大国主神の国造りの地「葦原の中国」を取り結ぶ唯一の結節空間が高天原勢力が造成した大国主神の居所、出雲大社の本殿であり、その祭祀を一身に担う結節神が天穂日命であった。天穂日命が大国主神の祭主であることは広く知られているが、天穂日命は高皇産霊命から祭祀者に任命され、高天原・大和王権を代表する神であり、「葦原の中国」の主宰神の大国主神と交流できるただ一柱の神であった。

出雲大社御本殿が高層性を追求したのは「葦原の中国」の神である大国主神が神々の「神事を主

である」ために高天原に昇る必要があったからある。天神は天降れるが、国神は天空へ昇れないのである。

この度の御遷宮に際し、御本殿大床に身を置き、本殿天井の「八雲図」を拝観したが、まさにあの八雲の上に高天原の世界が認識されているのであろう。御本殿の奥の御内殿の上には雲の絵はないという。そこが大国主神の高天原への「浮橋」なのであろう。

第十章　大国主神親子の斐伊川遡上の旅

父子の旅のはじまり

神話の神々の旅を改めて見直すと、「女神のひとり旅」など普段気づかない不思議な世界が浮かんでくる。女神は妊娠、出産などの話が主流であるが、男神は子育てに因む神話が多い。男神といえばスサノヲ命、そして大国主神がまず思い当たる。興味深いのは二神とも御子神との旅を経験している点であろう。『出雲国風土記』神門郡高岸郷条では大国主神が御子神の阿遅須枳《あぢすき》高日子命《たかひこのみこと》の養育に苦労した話が語られている。

高岸郷　郡家の東北のかた二里なる。天《あめ》の下造《したつく》らしし大神の御子、阿遅須枳高日子命、甚《いた》く昼夜哭《な》きましき。よりてそこに高屋を造りて坐せて、即ち高椅《たかはし》を建てて登り降《くだ》らせて、養《ひた》し奉りき。故、高崖《たかはし》といふ。神亀三年、字を高岸と改む。

この「高岸」の世界は出雲市塩冶町《えんやちょう》の「高西」を遺称とする。町名としてはないが、高西公園・高西公民館として使われ、塩冶有原町《えんやありはらちょう》・渡橋町《わたりはしちょう》・今市町など出雲市中心街に位置している。塩冶「有原」町の「有」は『出雲国風土記』神門郡条にみえる「阿利社」に因む地名である。現在、その阿利神社は塩冶町の町中に鎮座しているが、かつて明治十五（一八八二）年までは現在地の北北西八〇〇メートルの有原中央公園の角地に鎮座していた。今もその地には旧社地を示す石碑が立てられている。当然、阿利神社の御祭神は阿遅須枳高日子根命である。

高岸郷伝承には母神は見えず、父神の「天の下造らしし大神」、すなわち大国主神が「登り降《くだ》らせ」、「高い高い」をしながら泣きやまない御子神の阿遅須枳高日子命をあやしている情景が語られている。「高椅」、即ち社殿の階《きざはし》であろうが、そこは「高岸」の郷名が物語るように水辺に近かったと思われる。その後の子育てについては『出雲国風土記』仁多郡三澤郷の伝承に詳細に語られる。

阿利神社旧社地

三澤郷　郡家の西南のかた二十五里なり。大神大穴持命の御子、阿遅須伎高日子命、御須髪《みひげ》の八握《つか》に生ふるまで、昼夜哭《な》きまして、み辞通《ことばかよは》ざりき。その時、御祖《みおや》の命、御子を船に乗せて、八十《やそ》嶋《じま》を率て巡りてうらかし給へども、猶哭き止みたまはざりき。大神、夢に願《ね》ぎたまひしく、「御子の哭く由を告らせ」と夢に願ぎましき。その夜、御子のみ辞通ふと夢見まししかば、則ちさめて問ひ給ふに、その時、「御澤」と申したまひき。その時、「何処をか然《しかと》云ふ」と問ひ給へば、やがて御祖の前を立ち去り出てまして、石川を度り、坂上に至り留まりて、「是処《ここ》ぞ」と申したまひき。その時、その澤の水沼出だして、御身《みみ》沐浴《かはあ》みましき。故、国造、神吉詞《かむよごと》奏しに朝廷に参《まゐ》向《む》かふ時、その水沼出だして用ひ初《そ》むるなり。ここに依りて、今も産婦《うぶめ》はその村の稲を食はず。もし食へば、生まるる子すでにもの云ふ。故、三澤と云ふ。即ち正倉あり。

大国主神は神門郡高岸の水際で子供の阿遅須枳高日子命を船に乗せ、まずは「神門水海」の「八十嶋」を巡り、船を揺り籠のように揺らしてあやしたようである。では「神門水海」とは如何なる空間なのであろうか。

『出雲国風土記』には「水海」は「神門水海」と「佐太水海」の二ヵ所がみえる。ともにその最奥部に「神門水海」は大国主神、「佐太水海」は「佐太大神」が鎮座しており、神の神聖なる庭であった。その「神門水海」の「八十嶋」とは何処であろうか。『出雲国風土記』は「神門水海」に島があるとは言っていない。「神門水海」は斐伊川、神戸川の運ぶ肥沃な土、そして近世以降の埋め立てによりその姿はほとんど失われ、今は神西湖《じんざいこ》として一部を残すのみである。現在は、今は田畑、そして住宅、郊外型大型商店がひしめき、かつてこの地に「水海」があったとは思えない変貌ぶりである。

第七十九代出雲国造、千家尊澄《せんげたかずみ》は明治六年に著した『遠止美乃水《をとみのみず》』で、入南《にゅうなん》村の乙見社を参拝した折、「八島《やしま》」村の伊都伎《いつき》島社に詣で、その「地形を考ふる」に「此の社」は「中島ようの所にありしより、伊都伎島の神を祭りしなるべし」と述懐している。風土記にはみえないが、「八島」の地名は「八十嶋」の名残であろうか。

斐伊川の溯上と湯村

その「神門水海」から親子旅は斐伊川へと向かう。斐伊川を溯上する親子の水上の旅は両岸が迫り、また流れに岩石が目立つ湯村付近で行き詰ったようである。斐伊川は古代、『出雲国風土記』によれば「材木《くれき》を校《あざな》へる船、河中を沿泝《くだりのぼ》れり」とあり、河川交通が可能であったが、船を引く両岸の道、「綱道」が敷設可能だったのは中流域の大原郡までであった。今の木次町湯村付近がその河川交通の終点であった。親子の水上の旅の終焉はそれを反映しているのであろう。「終わり」は何事においても重要である。河川交通の終わりは「交通」の終わりを意味していない。

湯村といえば、その重要性は『出雲国風土記』仁多郡条にみえる「漆仁《しつに》川」に付随する温泉記事が雄弁に語る。

> 飯石郡の堺なる漆仁川辺に通るは、廿八里なり。即ち、川辺に薬湯《くすりゆ》あり。一たび浴《ゆあみ》すれば、則ち身體《からだ》穆《やは》らぎ、再び濯《すす》げば、則ち萬《よろず》の病《やまひ》消除《い》ゆ。男も女も、老いたるも少きも、夜昼息まず、駱駅《つら》なり往来《かよ》ひて、験《しるし》を得ずといふことなし。故、俗人《くにびと》号《なづ》けて薬湯といふ。即ち正倉《しょうそう》あり。

湯村は現在も出雲を代表する温泉地である。古代、斐伊川河川交通の終点、そして「夜昼息まず、駱駅なり往来」うという交通の便が良かったこともあり「正倉」も置かれ、多くの人々が集まった様子がうかがえる。木次町湯村地域はかつて斐伊川河川交通と陸路の交差地であり、古社が多く鎮座し、神々のリゾート地であった。

明治末年の一村一社の指示により、湯村村内に鎮座していた七つの神社は八幡宮に合祀され、現在は温泉神社として奉祭されている。神社の扁額にみえる合祀された数々の祭神名を見ると、地域

温泉神社扁額

の歴史を感じ取ることができる。その祭神の中に「大己貴命（大国主神）」「阿遅須枳高日子」がみえる。かつて「大国主神」「阿遅須枳高日子」、この集落を巡行し、「布勢郷」に向かったという言い伝えの名残であろうか。

温泉神社勝部千穎《ちかい》宮司の案内で湯村の安食《あじき》明神・湯船大明神など古社七社の旧跡を参拝し、歴史の流れの中に浸み込みつつある今を重く受け止めたところである。その合祀された一つ、湯船大明神は『出雲国風土記』仁多郡条にみえる「漆仁社」である。

布勢郷の夢

夕暮れを迎え、二神は湯村付近から陸路にて仁多郡「布勢」郷に出向いて夜を過ごしたようである。

『出雲国風土記』はその事情を次のように伝えている。

布勢郷　郡家の正西一十里なり。古老の伝へていへらく、「大神の命の宿《ふせ》りましし処なり」。故、布西といふ。神亀三年、字を布勢に改む。

「布勢（ふせ）」とは「臥せる」に通じ、「大神の命の宿り」を語っている。現在も雲南市木次町に下布勢、続いて奥出雲町佐白《さじろ》に上布勢の字が残り、古代比較的広範囲の郷であったと思われる。歴史史料の明示は難しいが、斐伊川から布勢郷までの古代道路は、現在は「さくらおろち湖（尾原ダム）」で分断されているが、湯村本郷から東へと走る金谷農道ラインが想定されそうである。

そのラインは現在の雲南市の佐白、北原地域に当たる。考えれば三澤郷伝承にみえる「大神、夢に願ぎたまひしく、『御子の哭く由を告らせ』と夢に願ぎましき。その夜、御子のみ辞通《ことかよ》ふと夢見まししかば、則ちさめて問ひ給ふに、その時、『御澤』と申したまひき。その時、『何処をか然云《しかと》ふ』と問ひ給へば」の部分、その大国主神が夢を見た場所は布勢郷なのであろう。風土記の伝承の妙である。

神門郡の高岸郷から始まった親子の旅は阿遅須枳高日子命が「御澤」と言葉を発するという幸いな結果で幕を閉じる。

しかし、「御澤」の言葉を聞いた大国主神が「何処をか然云ふ」と阿遅須枳高日子命に問いかけたところ阿遅須枳高日子命は先導しながら「石川」を渡り、「坂上」に到りて「是処」と教えた。その瞬間、そこから水が湧出したので御子は沐浴して身を清めたという。

阿遅須枳高日子命が沐浴した清水、それには口の災いを克服したエネルギーが籠められており、その聖なる力にあやかり、国造は神賀詞奏上する際にその水で身を清め、都に向かうようになった。地域社会ではその神聖な水に対する畏怖感が根強くあり、その水で育った稲を妊婦が食べると生まれた子供がすぐに話しをするという言い伝えが広がったという。

御澤と「前の舞の古井」

「三澤郷」、その起源となった出雲国造所縁の地である「御澤」の地は何処であろうか。「御澤」については関心が高く、江戸時代以来、「御澤」信仰、探求が続き、現在は字・三津田の「御津池」、また三沢城の「三澤池」説が地元では唱えられている。そういう中、『雲陽誌』の仁多郡条にみえる次の一条が大変気になる。

尾原　古井、三澤氏鴨倉在城の時、元朝の若水汲たる跡なり

この「尾原」の古井であるが、尾原の山本一吉氏の邸内に庭園形式で守られている。通称「前の舞の古井」である。「前の舞」は山本氏の屋号であるが、三澤氏の「元朝の若水」に国造の沐浴の聖なる水を重ねることはできないであろうか。尾原ダム建設による故郷の変貌を前に郷土史家・内田稔氏がまとめた『悠久のふる里　尾原北原の年輪』では「前の舞」の屋号に「舞を奏した場所」を見い出そうとする。筆者も「前の舞」の門名を口にする時、出雲国造の古伝新嘗祭で「百番の舞」を思い出す。

「三津池」、「三澤池」、そして「前の舞」のどこが「御澤」の故地なのであろうか。それは阿遅須枳高日子命の後に着いて行くのが一番であろう。

風土記によれば、その足どりは「布勢郷」から「石川」を渡り、そして「坂上」の「御澤」であった。

強い味方、内田稔氏から多くの情報をいただき、地元の方々に尋ねながら「御澤」の地を目指した。

「布勢郷」から南へ「三澤郷」に進むとその堺は斐伊川である。そこは先に「第二章　イザナミ命の死と神々の生成」で言及した「石村」の世界となる。改めて『雲陽誌』の仁多郡の項「石村」を紹介する。

石村
御崎明神　風土記に載る石壹社なり、本社五尺四方、元和《げんな》五年営作の棟札《むなふだ》、あり、祭日九月九日此処を山の神谷といふ
古宮　昔御崎の宮、此所にあり、故に古宮といふ、社辺に福富といふ田あり、
往古八束穂《やつかほ》の稲を生す、里老伝る歌
石壹の社にかゝる阿井川の　水のきとくに八束穂のいね

斐伊川の流れ、この「石村」付近は巨岩が川の中を点々としており、「石川」の流れというに相応しい。その流れは「布勢郷」と「三澤郷」の間を縫う。
「布勢郷」から「三澤郷」に「石川」を渡ると「石村」である。その「石村」から「石川」に沿い少し上ると「坂本」寺跡に到る。寺跡は歴史の彼方に消えたが小さな坊主の墓が一つ二つ、かつての歴史へ誘う。あの「坂上」を連想させる「坂本」である。そこから僅か北へ行くと小字「山上」である。小さな祠と六地蔵が出迎える。そこから指呼のところに山本一吉邸、「前の舞の古井」が見える。

実は神の恵みであろうか、平成九（一九九七）年、尾原ダム建設にともなう事前調査「家の上遺跡」で、「前の舞の古井」の水が斐伊川に流れていく空間が発掘調査され、水の流れ、配石遺構、そして土馬・手捏土器や祭祀に関わる遺物を含む多くの土器が出土したのである。土馬は各地で発掘されてい

坂本寺の旧址

前の舞の古井

るが、絵馬も含めてほとんどが水辺で出土している。川を道としている神々が陸路を巡行する際に馬を利用するという古代びとの考えが水辺の遺跡に表出するのである。配石遺構はコの字型、中央に大きな平石が置かれ、まさに祭壇の体をなしていた。

古代にさかのぼる祭祀の場所、「前の舞の古井」が阿遅須枳高日子命の治癒に因む出雲国造の沐浴の聖なる場所「御澤」であるならば、土馬は阿遅須枳高日子命の神馬だったのであろうか。

その後の旅はいかなるものであったか『出雲国風土記』は口を閉ざす。しかし、阿遅須枳高日子命は古代びとにとっても魅力ある神であったのであろう。その動静に関しては『出雲国風土記』、そして『古事記』『日本書紀』が触れるところである。

女神の一人旅、男親と子神の旅、ともに不思議であるが、神々の家族とはいかなるものであったのか知る由もない。われわれが旅をする中で旅する神々と出会うことを願いたい。

第十一章　おわりに——大国主神の最後の姿

大国主神の出御

日本神話の要である大国主神は杵築大社、現在の出雲大社の御本殿の内殿に鎮座されている。では神話史上、大国主神は何時までその姿を拝むことができたのであろうか。

『古事記』『日本書紀』には大国主神に関する多様多彩な神話が語られている。因幡の白兎の話、根の国訪問、ヌナカワヒメへの妻問い、そして国作り、国譲りと続いていく。それを時系列的にとらえると国譲り神話が大国主神の最後の舞台となる。

『日本書紀』によれば、国譲りした大国主神のために高天原は「柱は高く大《ふと》し、板は広く厚くせむ。又田供佃《つく》らむ。又汝が往来《かよ》ひて海に遊ぶ具《そなへ》の為には、高橋・浮橋及び天鳥船。亦造りまつらむ」という形で神殿を造営し、『古事記』によれば大国主神はそれに応えて「僕は百足《ももた》らず八十《やそ》坰手《くまで》に隠りて侍なむ」と述べ、その高層神殿に鎮座したという。

今も大国主神はその出雲大社本殿の「八十坰手」の内殿に鎮座しているが、この度の御遷宮に際しては御本殿を離れ、白布に囲まれた神輿に乗り、雲形の中の浮道を巡行し、仮殿である拝殿へと遷座された。仮遷宮である。

そして平成二十五（二〇一三）年五月十日の御遷座祭において「修厳」された本殿に遷座されたわけであり、それは本殿、仮殿の拝殿の間を「往来」したことになる。この御遷宮はまさに『日本書紀』の大国主神が「往来ひて海に遊ぶ」、そのものといえよう。「遊び」は古代においては遊戯ではなく、神事などでゆったりと逍遙することであった。

当日、正遷宮に御奉仕した筆者の前に御本殿の「高橋」、そして「雲形」で清められた「浮橋」、そして大国主神が籠る神輿である「天鳥船」が絵巻のように、暗闇に浮かぶ走馬灯のように浮かんできた。

『古事記』『日本書紀』に語られる神々の世界、神話の舞台、それは今も生きていたのである。

目指す「林」の世界

『古事記』『日本書紀』を離れて『出雲国風土記』に目を向けると一つだけ神話時制が問われてこなかった伝承がある。

玖潭郷《くたみ》　郡家《ぐうけ》の正西五里二百歩なり。天の下造らしし大神命、天の御飯田《みいいだ》の御倉を造り給はむ林を覓《ま》ぎ巡《めぐ》行り給ひき。その時、「波夜佐雨久多美乃山《なやさめくたみのやま》」と詔《の》り給ひき。故、忽美《くたみ》と云ふ。神亀三年、字を玖潭と改む。

『出雲国風土記』楯縫郡の玖潭郷の伝承である。「天の下造らしし大神命」、大国主神は「天」、高天原に献上する「御飯田」の米を蔵める「御倉」を造る良き場所を求め、ある場所で「はやさめ久多美の山」との言葉を発したという。

ここでは明らかに大国主神と高天原との関係が良好になっており、それは時制的に国譲り後、大国主神の本殿鎮座後でなければならない。ここにみえる「覓ぎ巡行り給ひき」はまさに「遊び」のためであった。ここでは「高天原」に貢ぐ米の「御倉」の造営の「遊び」、それは旅であった。大国主神は「八十堀手」の内殿から出御し、「高橋・浮橋及び天鳥船」を「具」として「玖潭」に巡行したのである。

その場所は玖潭の何処であったのであろうか。『出雲国風土記』楯縫郡条にはすでに言及してきた「神名樋山」「阿豆麻夜山」が見えるが、今一つ「見椋山《みくらやま》　郡家の西北七里なり」が挙げられている。「神名樋山」「阿豆麻夜山」の並びから高野寺山が想定される。注目したいのはその山名であり、先の玖潭郷伝承の「天の御飯田の御倉《みくら》」に重なるのである。高野寺山は標高三〇〇メートルを越え、頂上ちかくでは南の眺望は開け、大国主神が「はやさめ久多美の山」と感慨深く声を発しても不思議ではない。

楯縫郡の見椋山の頂上から眺めた「久多美の山」とはどの山なのであろうか。

見椋山から南東の方向、宍道湖の遙か彼方に目を向けると小さく玉造の町並み、そしてその背後に忌部の黒目山らしき姿をとらえることができる。

『出雲国風土記』意宇郡条の山の項をみると、

久多美山　郡家の西南のかた一十三里なり。社あり。

とみえる。この「久多見山」がおわん型の秀麗な山容を呈する黒目山である。「社」は『出雲国風土記』にみえる「久多美社」である。残念ながら明治末年に谷を隔てた忌部《いんべ》神社に合祀されたが、大正十二（一九二三）年に村びとが旧社地に再建したという。

黒目山

古代は山の頂上付近に鎮座していたのであろう。享保二年の『雲陽誌』によれば「久多美大明神大己貴尊をまつる」とみえる。「大己貴尊」は大国主神であり、楯縫郡とのつながりであろう。改めて史料の語るところに耳を傾けよう。史料に配された一文字をみつめよう。今、楯縫郡の玖潭から意宇郡の久多美に視座を移してきた。大国主神は見椋山から「御倉を造り給はむ林」を求めたという。実は意宇郡の久多美山のある忌部の隣があの意宇郡拝志《はやし》郷であった。

拝志郷　郡家の正西廿一里二百一十歩なり。天の下造らしし大神の命、越の八口を平《ことむ》けむとして幸《いで》しし時、此処の樹林《はやし》茂り盛りき。その時、「吾が御心の波夜志《はやし》」と詔りたまひき。故、林といふ。(神亀三年、字を拝志と改む。)　即ち正倉あり。

この「拝志」郷、元は「林」の里、大国主神の歴史の旅立ちの原点であった。その「林」は大国主神の国作りへのエネルギーを鼓舞する「はやし」でもあった。

国作り・国譲り・神譲りを経て、高天原と葦原中国の融和を完遂した大国主神は、原点の「林」を目指し、楯縫から意宇へと身を移し、「天の御飯田」の「御倉」をその林の樹々で建てたのであろう。普段は気にならないが「則ち正倉あり」の記事が印象的である。

涼殿祭

六月一日、出雲大社境内、朝十時過ぎ、本殿における祭祀を終えた出雲国造は十数名の神官とともに境内の東、やや離れたところに所在する「出雲の森」に出向き、神木の椋木《むくのき》の前で東向きに粢《しとぎ》団子などを供え、祝詞を奏上し拝礼する。その後、境内に戻るが、道筋には直線状にほぼ三〇センチ間隔で立砂という稲佐の浜から採取した砂が円錐状に盛られ、国造の歩みに合わせて一人の箒役《ほうきやく》が砂を平らに掃き広め、また左右の神官が真《ま》菰《こも》をその上に敷いていく。国造はゆっくりと大きな御幣を捧げ、聖なる砂、緑々した真菰の上を踏みしめ御《み》手洗井《たらしのゐ》に進行し、黙禱祈念する。

この祭礼を涼殿祭《りょうでんさい》（すずみどののまつり）、また真菰神《まこものしん》事《じ》ともいう。信徒・町民、そして観光客に見守られ、国造の歩みとともに人並は、まさに波のように移動していく。この祭礼は中世にさかのぼり、また古代的な様相を濃く残しているが、実は祭祀の舞台が変容していること

立砂の準備

に気づいてもらいたい。

国造が東向きで椋木に向かうのは、現在、北島国造邸の西を北南に真直ぐ流れている吉野川は、驚くことに寛文二（一六六二）年の大社造営までは北島国造邸の真中を北西から南東に向けて流れていたのである。今、現地に立ち、出雲の森の椋木と命主社《いのちぬしのやしろ》の間を流れていたと思ってもらえばいい。

国造が東向きで祝詞を奏上するのはその吉野川に向かっていたのである。吉野川は神の通り道、涼殿祭は出雲国造が神を迎え、そして境内へ案内する神事であった。出雲国造が奉仕する神といえば大国主神である。

大国主神の出雲大社本殿から楯縫郡の見椋山、そして意宇郡の久多美山、林の里へ旅、その帰還も涼殿、出雲の森だったのであろう。

涼殿祭の祭場、出雲の森

あとがき

日本神話研究において、記紀神話と風土記神話が別々に取り扱われ、その全体像を見ることが出来なかった。本書では神話を創作と考えず、大地に暮らす人びとの生活の中から「湧出」してきた日本全体を被う原・神話があったと想定した。創作された神話などはない。創作されたそれは神話ではない。

『古事記』『日本書紀』、そして風土記はそれぞれの立場でその原・神話を取り上げ、料理したのである。それぞれ独自の味を出し、盛り付けをしている。目の前の神話料理は美味しそうである。一つひとつを味わいながらその旨味の元である素材を感じたい。

わたしは常々、歴史研究と料理は似ていると感じてきた。

通いなれた松江の夜の街、お店のカウンターに座り静かに杯を重ねると、旬の素材が、ご主人の手さばきで活かされ、絶妙な料理として出てくる。料理人はお店に来る客人に最高の味を提供するのを使命としている。味わいながらわたしはこのように素材の史料を料理し、盛り付けができるか考える。

その前に旬の歴史素材を収集することが大切である。知られていない素材も眠っている。この度は斐伊川の流れに沿いながら、また飯梨川の流れに沿いながら薬草を探し求めるように歩いた。本書にはお世話になった方々が登場する。調査の過程でお会いし、情報を頂いた方々である。そのお話しはそれぞれに味があり、わたしにとって素晴らしい具材・調味料の提供者であった。

この度、鳥居龍蔵・折口信夫・松本清張、そして谷川健一などの学者・作家の著を手掛けたアーツアンドクラフツの小島雄社長にこころ良く出版をお引き受け頂き、日本神話を取り上げることが出来たのは幸いであった。「アート」もなく「クラフツ」もおぼつかないが、出版によってその輝きを各所にあてて頂いたと感じている。アーツアンドクラフツの作品の一冊として書店に並ぶことを誇りとしたい。

二〇一八年九月

関　和彦

関　和彦（せき・かずひこ）
1946年、東京都生まれ。早稲田大学文学部卒業。同大学院文学研究科日本史学専攻修士課程修了。95年『日本古代社会生活史の研究』で國學院大學博士（歴史学）。共立女子第二中学校・高等学校校長、國學院大學兼任講師、島根県古代文化センター客員研究員、八王子市市史編さん委員を歴任。現在、日本地名研究所所長・京都造形芸術大学客員教授・島根半島四十二浦巡り再発見研究会研究座長・雲南市文化財保護審議員。
主な著書に、『邪馬台国論』（校倉書房）、『風土記と古代社会』（塙書房）、『卑弥呼』（三省堂）、『古代農民忍羽を訪ねて』『古代出雲への旅』（中公新書）、『古代出雲世界の思想と実像』（大社文化事業団）、『新・古代出雲史』（藤原書店）、『出雲国風土記註論』（明石書店）、『古代に行った男ありけり』（今井出版・第1回古代歴史文化しまね賞受賞）、『古代石見の誘い道』（今井出版）、『古代出雲の深層と時空』（同成社）。

古代出雲《こだいいずも》にみた日本神話《にほんしんわ》

2018年 11月15日　第1版第1刷発行

著　者◆関《せき》　和彦《かずひこ》
発行人◆小島　雄
発行所◆有限会社アーツアンドクラフツ
東京都千代田区神田神保町2-7-17
〒101-0051
TEL. 03-6272-5207　FAX. 03-6272-5208
http://www.webarts.co.jp/
印刷　シナノ書籍印刷株式会社

落丁・乱丁本はお取り替えいたします。
ISBN978-4-908028-33-5　C0021